朝日新書
Asahi Shinsho 993

持続可能なメディア

下山　進

朝日新聞出版

はじめに

「しょせんはカネの話ではないか。大事なのは弱者によりそい、平和を守り、権力の不正を追及することだ」

かつての私の著作『2050年のメディア』(文春文庫)について、こう批判する新聞記者の方がいました。

何が弱者なのか、何が権力なのかの議論はさておき、そう批判する新聞記者氏の報道をすること自体の基盤が大きく崩れていったのが、この10年のジャーナリズムの状況でした。「平和を守り、権力の不正を追及する」報道がしたくとも、社が人員を整理し、その場が奪われてしまえば、できない。

カネの話は大事なのです。

現在のメディアの諸問題の根本は、民間企業としての持続可能性が失われていることにつきる、というのが私の考えです。

では、なぜその持続可能性が失われ、どうすれば回復できるのか?

新聞の部数が減っている、という話までは、最近は誰でもが書くようになっています。

しかし、そうした釣瓶《つるべ》落としの売り上げ減の状況の中で、「持続可能」に経営をしているメディアを具体例をあげて書いているものはありません。

この本では、ニューヨーク・タイムズや英エコノミスト誌という海外の持続可能なメディアのみならず、日本の雑誌メディアや、地域メディアに実際に取材をしながら、なぜそうしたメディアが持続可能な活動ができているのかを詳述しています。

私がずっと不満だったのは、これまでのメディア論が、それをとりまく市場環境が技術革新によって変化を遂げることにあまりにも無自覚だった点でした。

現在で言えば、フェイクニュースの話は、いかにそれが民主主義をゆがめているか、から論じられます。生成AIの話は、いかにそれを活用するか、ということが熱心に語られます。

しかし、私は前者の話で言えば、そもそも、フェイクニュースが跳梁跋扈《ちょうりょうばっこ》するプラットフォームといわれるものが、なぜ出来たのか、そしてそれは、従来のメディアの経営基盤にどのように影響を与え、結果、報道やコンテンツがどう変わっていったかに興味があります。

後者でいえば、大規模言語モデルによって崩されようとしている著作権の概念と、そのことがジャーナリズムに与える危機に興味があります。

この本にも登場する英エコノミスト誌のエグゼクティブ・エディターのダニエル・フランクリンはかつて私にこんなことを語ったことがあります。

「歴史を知るということは、未来を予測する上で重要なツールキットです。歴史がそのまま繰り返すことはありませんが、歴史をみることによって、新しいものが起きた時にどのような反応が起きるか、ある程度予測できるということです」

この本の最後には、生成AIと新聞の関係について書いていますが、生成AIにわっととびつく新聞社の人たちを見ていて、2000年代初頭、ヤフーがプラットフォームとして成立していった時のことを思い出したのは、この歴史的な視点ということになります。

2000年代に、新聞社は、次々にヤフーに自社の記事を1PVあたり0・025円といった非常に安い値段で提供し始めますが、ヤフーがプラットフォーマーとして独占的地位をえることになり、新聞社が苦境に陥ることに自覚的だった人は、新聞社内でもその当時、ごく一握りでした。

そして生成AIは、著作権というこの仕事の根本に関わる価値と対立します。

自動車会社や製薬会社が、生成AIを使うのとは、違います。それまで人間が考えなければならなかった教師プログラムをコンピューターが自律的につくれるようになったのは、大規模言語モデルというイノベーションのおかげですが、この大規模言語モデルには、大量の言語を学習させる必要があります。そのテキストとして用語が統一されあらゆる事象についてカバーしている新聞の記事はもっとも適しています。

本来の著作権の概念によれば、著作権者が書いた著作物を引用する際には、著作者と文献を明示したうえで、正確に引用する必要がありました。ところが、生成ＡＩは、それらの記事を複数あわせて、自らの文章として吐き出します。この本の中にニューヨーク・タイムズの調査報道をほとんどまるパクリして、ＯｐｅｎＡＩが吐き出した例を紹介していますが、それを認めてしまえば、新聞社が独自の記事をだしてお金をとることができなくなってしまいます。

新聞社が経営に行き詰まり、民間企業が報道という仕事をすることが不可能になってしまえば、それで困るのは、実は読者なのです。

だから生成ＡＩを禁止しろ、使うなと言っているわけではなく、そうした技術革新の中で、どうすれば、報道や創作活動を「持続可能」にしていけるのか、それを考えなければならない。

そうした提案をこの本はしているということになります。

この本は、私が「サンデー毎日」「週刊朝日」「AERA」という週刊誌に書き継いでいっている2ページのコラムをもとにしてつくられています。

話は、2017年6月に、今後10年で、新聞の総部数は半減すると予言した毎日新聞社の幹部の話に遡《さかのぼ》ります。

持続可能なメディア　目次

第3章　海外の持続可能メディアを見る

第1章

メディアに持続可能性がなくなりつつある

1　毎日新聞幹部2017年の予言

私が新聞に大きな変化が訪れているのに気がついたのは、2017年初夏のことだったと思う。たまたまみた新聞協会のホームページのデータ欄で、新聞が過去10年で、1000万部近く部数を失っているのを見たからだった。本を書くために私は会社を辞めることになる。社を辞めたのは2019年3月。それまでに紆余曲折があるのだが、最初の一歩は、2017年秋に、日本マス・コミュニケーション学会で「10年で1000万部を失った新聞は何を失い、何を得たか」というワークショップを企画したことだった。

そのときにパネリストとして一緒に登壇してくれたのが毎日新聞の当時取締役だった小川一《はじめ》だった。

小川がこのときに投射したパワーポイントを見返す機会が先日あった。

小川は、2015年6月に編集編成局長から取締役になると、社内に若手をいれた勉強会を三つつくったという。大きな変化を志向している勉強会だったので、既存の組織の抵抗が予想された。だから販売局をはじめ営業現場の若手もいれた勉強会はこっそり夜やっ

平日に15分以上新聞を読んでいる人の推移

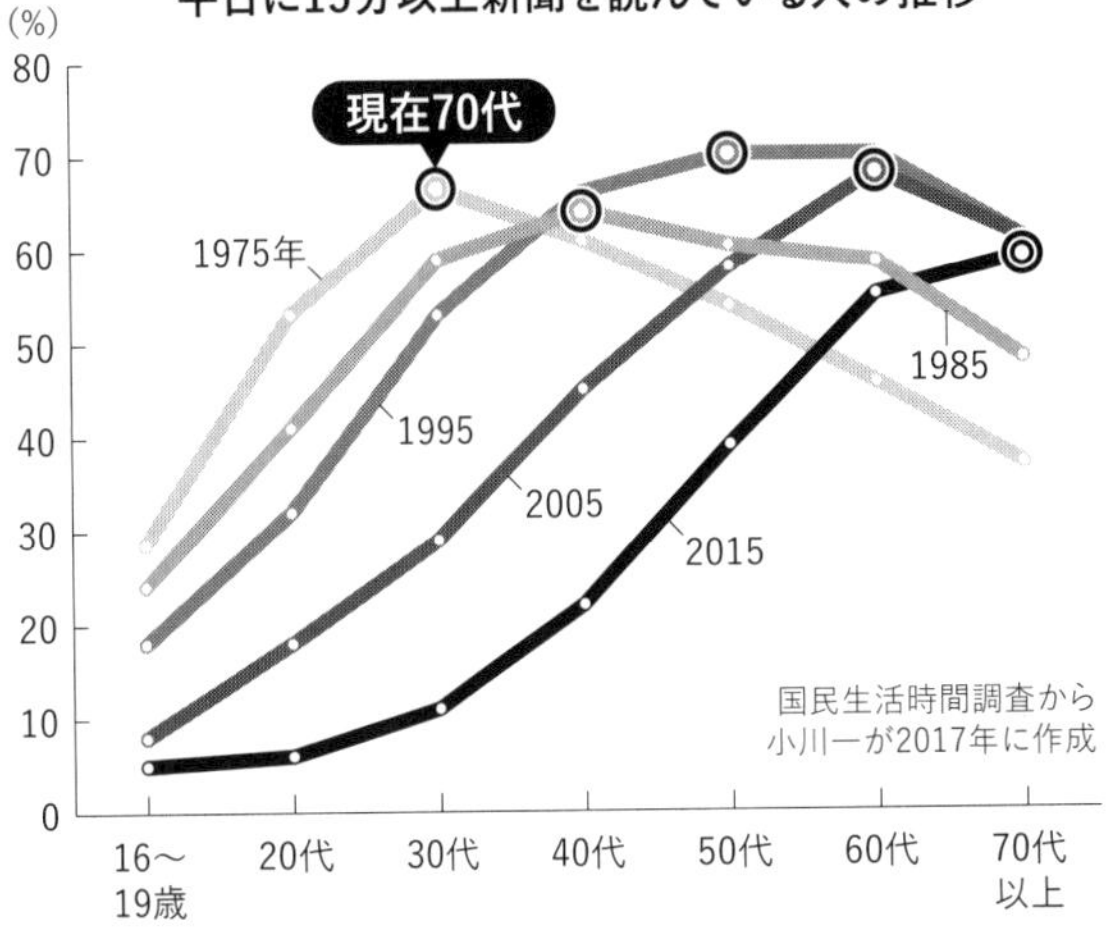

ていた。

その勉強会の中で小川はＮＨＫ放送文化研究所の「国民生活時間調査」を調べてみようと思い立つ。

まず、２０１５年の最新のデータで、平日に15分以上新聞を読んでいる人の割合を年齢別にみてみた。

30代11%、
20代６%、
10代５%
!!!……

40代になると22%と増えるが、若者がまったく新聞を読んでいないのは衝撃的だった。しかし、さらに衝撃的だったのは過去のデータを調べてみた時のことだった。

１９７５年には、20代はなんと６割近くの人が平日に15分以上新聞を読んでいたのだ。

85年、95年、2005年のデータをさらにとってみると、1975年に20代だった団塊の世代が、その後も新聞をとりつづけ、2015年には60代後半となって、新聞の部数を支えていることがわかった。

ということは、だ。

2018年から数えてあと4年で、男女ともに団塊の世代は、健康寿命を越える。そうなると介護施設に入ったり、亡くなったりして、新聞販売店の用語である「介護止め」や「死亡止め」と呼ばれる状態になる。つまりあと4年で新聞の部数はおおきなガラがくる(急落する)。

それを、わかりやすい動画のグラフにしてパワーポイントで説明をしたのだった。

このワークショップのあと小川は、「つまりあと4年で業界全体でさらに1000万の部数が失われ、10年で現在の半分になる」と私に言ったのだった。

2021年の現在、小川の予言はほぼあたっている。2017年には4212万部あった総部数は、最新の2020年の数字では3509万部にまで減っている。4年で700万部が失われているから、コロナ禍の2021年の数字がでれば、1000万部の部数が失われるのは確実だろう。

小川は、取締役として毎日新聞をデジタルファーストにするために旗をふった。それまで紙面組のシステムを東芝や富士通など旧来の大手メーカーにまかせていたのを、フューチャーアーキテクトという会社を役員会に提案することになる。フューチャーアーキテクトは、日本ハムの２００６年、２００７年の優勝の原動力となったセイバーメトリクスと呼ばれる選手のデータ管理システムをつくった会社。佐川急便のＤＸなどでもめざましい実績をあげていた。

「旧来のメーカーの時は、仕様の変更ひとつにも伝票をかいてというやりかた。フューチャーアーキテクトは全く違う発想だった。２０１７年10月の総選挙の時には10人くらい編集局に来て、人の動きをマッピングするところからシステムづくりを始めていた」

守旧派の強い反対もあったが、これを通したおかげで、現在の毎日新聞のデジタルは、記者にとっても、読者にとっても使いやすいものになっている。

小川はそうした改革を進めたために反発もうけた。地方の支局・通信部を縮小し中央に集中するという案をだした時には、組合の機関紙に、小川は独裁者の「トランプだ」とまで書かれた。

小川は、２０２０年6月に毎日新聞社の役員を退任する。なぜ、毎日のデジタルは仕組みは素晴らしいものに変わったのに、デジタル有料版の会員数が増えないのか？　そう聞くと「記者の意識がまだ変わり切っていないからではないか」と答えた。

先日、毎日新聞主催のWEBのイベントで、毎日新聞の編集編成局次長の齊藤信宏と対談した。齊藤は、編集局のなかでは開明派だが、それでも、編集局全体としては、まだまだクラブ取材や官僚、警察官に情報をもらって書く「前うち」至上主義からぬけきれていないと言っていた。

「前うち」の報道では、有料会員は増えない。その新聞でなければ読めない古びない記事を脳味噌を洗うようにしてとことん考えデジタル有料版に出していかなくては有料会員は増えない。

「前うち」をしないようでは取材力が落ちる、と言っているうちにその取材をする場自体が音をたてて崩れていく。時間はもうあまりない。大学のメディアの教授も、組合も言わないが、実は、これこそが今のメディアの一丁目一番地の問題。

2021・11・15

このサンデー毎日のコラムが出てから3年たって、2017年には4212万部あった新聞の部数は、2661万部（2024年の数字）になった。7年で、1551万部近くの部数を失いすでに約4割減、「10年で部数が半分になる」と言った小川の予言は的中することは確実だろう。

新聞記者や新聞記者OBの間では、「読売一強時代になった」との論がかまびすしいが、その読売新聞にしても、かつては1000万部以上あった部数は595万部（2024年上半期数字）まで落ち込んでいるから、「一強」ととらえること自体間違っている。新聞業界の中で言えば、という話なのだろうが、実際は、人々の可処分時間の多くが、新聞以外のもの、プラットフォーマー上の様々なサービスにとられていってしまっている。

小川自身は、2024年11月の兵庫県知事選挙の結果に驚きながら、フェイスブックで「新聞を読まない若者に驚いていた時代ははるか昔です。今はテレビを持たない若者が当たり前になりました」と書き込んでいる。

そうした中で、誰が報道を担うのか、という大きな問題に私たちは直面している。

民間の企業がそれを担うのは無理なのか？

そうした問題意識で、NHKという受信料に支えられた巨大メディアのネットへの進出を見ると、まったく違った様相が見えてくる、というのが2024年2月に書いた次のコラム。

2　ＮＨＫ ＮＥＷＳ ＷＥＢ　存続か、廃止か？ 単純な問題ではない

「ＮＨＫ ＮＥＷＳ ＷＥＢ」がなくなるかもしれない。

自民党の情報通信戦略調査会も、総務省の有識者会議も、討議のうえでの結論はほぼ同じで、ＮＨＫのネット業務を必須化するかわりに、テキスト情報については、いったん廃止もしくは、現在「理解増進情報」として出しているネット情報を、放送と同じものにするべきだという答申を出している。

つまり、ＮＨＫプラスのように「番組」を流すのはいいが、関連情報として各地の放送局がだしたニュースの深掘りや、週刊誌の中吊りを模した入口の「政治マガジン」、取材プロセスをさらす「事件記者取材ｎｏｔｅ」等々のテキスト情報は駄目ということになりそうなのだ。

日本新聞協会が民業圧迫だということで、ＮＨＫのテキストでのウェブ展開の拡大について常々反対の声明を出していたことから、ネット上では「新聞協会の横暴」という声があふれ、ほぼすべての識者が、そもそもこのウエブに人々の生活の主軸がうつった時代に、

「NHK NEWS WEB」を廃止にするなどありえない、という意見を表明している。「絶対にNHK NEWS WEBはなくしちゃいけないと思いますね。新聞各紙もいろいろ言いたいことはあるだろうけど、そこは認めていいんじゃないの」（津田大介さんの1月6日のツイート）。

でも、私はことはそう単純ではないと思っているんですね。

公的な資金による巨大な無料メディア

私が慶應や上智で後に『2050年のメディア』という本にまとまる新聞の地殻変動に関する調査を始めた2018年には、新聞の総部数はそれでも、4200万部強あった（2017年実績）。それが、発表された最新の2023年の数字では2859万部になっている。

約1340万の部数が失われたことになるが、それ以前の6年間では、減ってはいたとはいえ、その減り幅は約622万部だった。2018年の日本マス・コミュニケーション学会で、「紙の部数は下げ止まる」と言った新聞業界出身の教授がいたが、下げ止まるどころか、加速度をつけて減っている。

今後をみても、そもそも人口がわずか10年後には、今の2割減となる都道府県が青森、岩手、秋田、高知、長崎などめじろおしだ（国立社会保障・人口問題研究所）。

紙の部数が減っていくとなれば、デジタルの有料版を成功させるしかない、ということは常々このコラムで言ってきたことだ。その理由はヤフーなどのプラットフォーマーからの配信料収入は極端に低く、到底紙の落ち込みをカバーできるものではないからだ。

そこで各地方紙はここ数年で次々に電子有料版を始めているが、十勝毎日新聞などの例外をのぞきその契約者数は1000に届いていないところも多い。

「NHK NEWS WEB」はNHKのネットワーク報道部という部署が運営しているが、この部署はもともと、新聞社でいう地方部、社会部の地方の放送局の記者たちをたばねる「ネットワーク」というセクションと、新聞のデジタル編集部にあたるネット報道部が合併して2017年にできた部だ。だから、「NHK NEWS WEB」では各都道府県別のタグがあり、そのタグをクリックすると、速報のみならず、各都道府県別の「深掘り」と題した特集記事が読めるようになっている。

こんなものを無料で出されたら、新聞としてはたまらん、ということなのである。

新聞社・通信社にボールは返された

ＮＨＫの年間の受信料による事業収入は、２０２３年度で６４４０億円だ。新聞社で最大の売り上げを誇る読売新聞ですら、巨人軍を含む基幹７社の売り上げ総額で２７２０億円だから、いかにその規模が大きいかわかるだろう。しかも、受信料は放送法によってテレビ受信機を所有する世帯は支払うことが義務づけられている。

放送法では民放とＮＨＫの二元体制を維持発展させることが重要とされているが、インターネットという新しい伝送路が生まれたことによって、二元ではない、テキストメディアを含めた「多元性」の維持が今問われていると考えたほうがよい。

「長期的にみると全国紙で残るのは日経と一般紙一紙」

ということを、私は２０１９年暮れの新聞労連での講演で言ったが、地方紙を含めてメディアは多元的であるほうが社会にとっていいことは言うまでもない。

この問題については、このコラムがまだサンデー毎日に連載されていた２０２０年７月に「地方メディア支援で『新しい公共』実現を　ＮＨＫへの提言」というタイトルでこんなことを書いている。

〈NHKは「新しい公共」をめざすべきだ。

たとえば、7000億円を超える受信料収入が毎年あるのだから、毎年100億円を、地方のメディアに付与してはどうだろう〉

実は、2023年10月に発表されたNHKの経営計画案（24〜26年度）の中に、3年前の私の提案をそっくりとりいれたような、計画案がある。

それは「情報空間全体の多元性確保へ貢献」として「メディア産業全体のために」100億円の予算を確保するというものだ。

計画案全体のパブリックコメントが出揃い、1月9日には経営委員会で議決されたが、いつもはうるさい日本新聞協会も、この100億円については、〈NHKに求められる役割の基軸として「信頼できる多元性確保」への貢献を位置づけたこと、（中略）「メディア産業全体のために」として具体的な予算規模とともに取り組む方針を示したことは適当だ〉と珍しく肯定のコメントを出している。

この100億円を具体的にどう使うかは、計画案には書かれていない。

NHKの幹部複数に聞いてみたが、とりあえず予算をとっておき、日本新聞協会の出方を待つということのようだ。

先行事例として参考になるのが、英国BBCで2018年に始まった「ローカル・ニュース・パートナーシップ（LNP）制度」だ。これは、地方メディア（新聞やラジオ、ネットメディア）で、地方政治など、民主主義の根幹に関わる取材を行う記者の給料をBBCが肩代わりするというプログラムで、毎年最大で約11億円の予算を見込んでいた。ただ、このLNP制度のように、直接お金が新聞社にいくのが適当かという問題もある。実際、私の上智の授業に参加した地方紙の幹部は「ひもつきの金になる」と3年前には難色を示したし、受信料を支払う側の納得も必要だろう。

かほどに「NHK NEWS WEB」問題は、表面だけ切り取って「廃止はけしからん」と言うだけでは済まないメディアの多元性の問題がかかわっている。

私の意見は、この100億円によって地方紙を助けつつ、「NHK NEWS WEB」は残すという考えだ。

忘れてはならないのは、2017年にNHKにネットワーク報道部ができて以来、さまざまな工夫で、NHKは記者の素顔をさらしながら、ネット上でもいかに読ませるかという工夫をしてきたことだ。

地方紙、とくに地方紙の有料ゾーンに記事を配信している共同通信の編集者・記者たちは、社会正義だけではない、いかに読ませるかということにもっともっと工夫が必要だ。

2024　2・5

このコラムが出た後の2024年4月から「NHK NEWS WEB」は大幅に変わった。記者の取材プロセスを自由に記していた「事件記者取材note」や、海老沢元会長の政治部記者時代などをインタビューして載せていた「NHK政治マガジン」は、放送との関連がないとして、更新がなくなり、NEWS WEB自体は、放送の中身をダイレクトに再現した記事もしくは動画そのものをアップするという形に変わった。

記者の顔が見える関連情報はいっさい出せないことになったわけだ。

というわけで、ボールは、今度は新聞社や通信社の側に返されたことになる。

NHKのネットでの手足は縛った。では、今度はあなたたちが、創意工夫で、有料版の読者を獲得してくれ、ということだ。

その意味で共同通信の責任は重いことを、重ねて強調しておこう。

これまでのような横並びではない、いかにその社でなくては、その記者でなければ出せない記事を有料で出していけるか、ということだ。

そうでないと、次で紹介をするアメリカの新聞社のような結末を日本の新聞社もたどることになる。

3　むかし、むかし インディアナポリスで――。2つの企業の寓話

先月、インディアナポリスというアメリカ中西部の都市に本社をおくイーライリリーという製薬会社の研究者たちに取材をする機会を持った。「ドナネマブ」というエーザイの「レカネマブ」の次に承認されるアルツハイマー病新薬を開発したグローバルな製薬企業だ。

インディアナポリスという街は、実は私にとって特別な思い出がある。

今から30年前のことである。

当時勤めていた文藝春秋を休職してコロンビア大学のジャーナリズムスクールに留学していた私は、ピューリッツアー賞を前年受賞したにもかかわらず、その調査報道班を解散させてしまったインディアナ州の州紙「インディアナポリス・スター」を卒論のテーマに定め、この中西部の街を駆けずりまわっていた。

社主家の箱入り娘とUSAトゥデイを発行するガネット社から移籍したビジネスマンがねんごろになって、コストがかかりすぎるからと調査報道班を解散させ、トイレットペー

パーの使い方についての通達をだし（一回に何センチだとこれだけ節約できる）、優秀な記者の首を次々に切っていく。

そうした事実を掘り起こしていたが、しかしその箱入り娘とビジネスマンに直接あてなくてはいけない。

そんなプレッシャーもあって、必要以上に怯えてその街に私は入ったのだった。インディアナポリス空港について、レンタカーを借りるわけだが、トヨタやニッサンのレンタカーではなく、わざわざGMの車を借りた。こうすることで、少しはその敵愾心《てきがいしん》が和らぐのではないかとビクビクしながら、その街に入ったのである。

みかける人はほぼ白人の街で、アジア系の私は異質だったし目立った。

アルツハイマー病研究と調査報道

イーライリリーは、1876年にイーライ・リリー大佐が創業した会社で、1923年に糖尿病の薬であるインスリンの大量生産に世界で初めて成功した。1920年代にインディアン自治区で起こった連続殺人事件を描いた映画『キラーズ・オブ・ザ・フラワームーン』で、出回り始めたこの特効薬が出てくるが、イーライリリーのものだろう。

一方のインディアナポリス・スター紙の創刊は、1903年。スター紙では、1970年代から新しい社主のもとで、調査報道が花開いた。

警察や検察の汚職を、記者が逮捕される嫌がらせをうけながらも明らかにした「警察・検察汚職」シリーズで1975年のピューリッツァー賞を受賞。以来80年代まで調査報道班が、FBIやロビースト、破産法廷など、司法、立法、行政の腐敗を次々に掘り起こし明るみに出すことで、紙名を全国に轟かしていた。

そのスター紙で異常事態が始まったのが、1989年に親会社が上場をし、その経営のために、ガネット社から経営者を招き入れ、その経営者と社主の娘ができてしまってからのことだった。そうした時に、私はインディアナポリスに調査に入ったのである。

そしてスター紙の親会社が上場した1989年というのは、実はイーライリリーでアルツハイマー病の創薬の研究が始まった年でもあった。

そのインディアナポリスの街で、私は、スター紙を離れてジャーナリズム以外の職業についた元調査報道記者たちに話を聞いていったわけだが、彼らは本当に気のいい男たちだった。

原稿を確認してもらうために、当該部分の読み聞かせをしたが、自分がスター紙を追われるくだりを元調査報道記者は聞きながら、震える声で「ｆｉｎｅ」と繰り返し、涙を流していた。
スター紙は、最終的にガネット社に買われ、調査報道の伝統はここで途切れてしまう。

アンメットニーズにしか未来はない

一方イーライリリーは、アルツハイマー病の創薬で、多くの失敗にめげず撤退をしなかった。

リリーは当初、ソラネズマブというアミロイドβ抗体薬に社運をかけていた。

アミロイドβは集まって固まりアミロイド斑になり、神経細胞の外に付着することでアルツハイマー病の病変は始まる。

ソラネズマブは、アミロイドβが固まる前の段階を標的にした薬だった。

セント・ルイスにあるワシントン大学のポスドクから2001年にイーライリリーに入社した研究者のロナルド・デマトスは、「それ以来ずっとインディアナポリスにいる単調なキャリアだけど」と断ってイーライリリーのアルツハイマー病研究について話をしてくれた。

特筆すべきは、ソラネズマブがフェーズ3を三回も繰り返しながら、結局はものになららなかったことだ。

「特に2016年、2000人を超える規模のフェーズ3の結果が出て、ここで有意差がつかなかったときは、アルツハイマー病部門の人間は誰もが泣いた」（デマトス）

1989年以来、アルツハイマー病創薬の部門は、一ドルの金も生んでいないのである。2017年には、ファイザーなどの他の製薬会社は、リスクがあまりにも大きすぎるとして、アルツハイマー病創薬の部門から撤退していった。

しかし、イーライリリーが違ったのは、ここで踏みとどまり、今度は、アミロイドβが完全に固まった状態のアミロイド斑を標的とする「ドナネマブ」の治験をフェーズ2から新機軸をいれて始めるのである。

ドナネマブはフェーズ2もフェーズ3も進行を30パーセント近く抑制することを統計学的に証明し、承認申請を果たした。来年（2024年）には、世界各国で承認をされエーザイの「レカネマブ」と市場での激しい争いをすることになるだろう。

一方、スター紙を買収したガネットはインターネットにおされて振るわなくなり、私が1993年に訪ねた当時20万部を超える部数を誇っていたスター紙自身も2022年の部数はデジタル有料版をあわせても3万5127部にまで縮小した。

私は1993年のその日、スター紙のオフィスで、社主の娘と対峙し、ガネットからき

かつてのインディアナポリス・スターの本社。1993年３月に下山が撮影。スター紙は2014年６月にもっと小さなビルに移動をし、この本社ビルも現在は存在しない。

た経営者とつきあっていることも含めてすべての材料をあてた。彼女は動揺し、後に私の担当の教授に、何度も電話をしてきたが、彼女が本当に心配すべきだったのは、スター紙の将来だった。

イーライリリーが、約８９００億円をアルツハイマー病の創薬につぎ込み、幾度も失敗しながらもそれでも諦めなかったのは、アルツハイマー病に治療薬がないからだった。アンメットメディカルニーズを正しい方法で追求していけば「いつかは報われるという信念があった」(デマトス) のだ。

ジャーナリズムも同じだ。アンメットニーズ、つまりそこでなくては読めない記事を有料で出すこと、それをぶれずに続けていくこと。
インディアナポリスの二つの企業の物語は、そのことを私たちに伝えている。
調査報道があったのだ。
むかし、むかしインディアナポリスで――。

2023　11・27

イーライリリーの「ドナネマブ」は、日本でも承認され2024年11月26日から「ケサンラ」の商品名で発売が開始された。エーザイのレカネマブ（商品名レケンビ）は、米国、日本、欧州の主要マーケットで承認されているから、アミロイドβ抗体薬は、早期アルツハイマー病の標準療法として定着しつつある。

米国の場合、ここでとりあげたインディアナポリスというアメリカの中西部だけでなく、メディアのメッカと言われるニューヨークでも、はっきりと明暗がわかれる形で、新聞の衰退が明らかになっている。

ニューヨーク・タイムズは、有料デジタル版を成功させ、合計の部数が1000万契約者数を超え、見事なターンアラウンドストーリーとなったが、かつて200万部を超える全米一の部数を誇っていたタブロイド紙の「ニューヨーク・デイリー・ニューズ」は、デジタル化の波に対応できず、消滅の瀬戸際にある。

4 むかし、むかし ニューヨークで――。 二人のコラムニストの物語

〈二〇二〇年八月に夫がいなくなってから二年を過ぎる頃まで、何を見ても彼を思い出す日々が続いた〉

という文章で始まるノンフィクション作家青木冨貴子の『アローン・アゲイン 最愛の夫ピート・ハミルをなくして』（新潮社）はそれまで硬質のノンフィクションを書いてきた青木さんの筆致とはうってかわって、柔らかく優しい筆致で最後まで読者をひっぱる。

ピート・ハミルは、短編「幸福の黄色いハンカチ（原題はGoing Home）」が山田洋次監督で映画化されたことで、日本でも1980年代に一気に有名になった作家だ。青

木さんは、来日したピート・ハミルをインタビューしたことが縁で、1987年5月にニューヨークで結婚をし、「死が二人を分かつまで」一緒だった。いや死は二人を分かつことはなかった、ということがしみじみとわかるエッセイだ。

この本に関する多くの著者インタビューや書評が夫婦二人の物語のアングルでまとめたものになるだろう。

が、私は、この本の隠れテーマについて書いてみたい。

それは、郷愁をさそうニューヨークのタブロイド紙の世界だ。

ピート・ハミルはタブロイド紙の申し子だった。ニューヨーク・ポスト紙やニューヨーク・デイリー・ニューズ紙にコラムを持ち、短期間だが、90年代に、この二紙の編集長もつとめている。そしてそもそも「幸福の黄色いハンカチ」はニューヨーク・ポスト紙に掲載された短編小説なのだ。

高校をドロップアウトし、中卒の学歴しかなかったピートが、1958年、当時のポスト紙に夜勤の記者として採用されるときの裏話。93年ポスト紙が新しいオーナーに買われて、ピートを含むほとんどのスタッフを馘にすると宣言したとき、社屋を追い出されても近くのダイナーに陣取って新聞の編集発行をつづけたことや、97年にデイリー・ニューズの編集長に不動産王から請われて就任したが、8カ月で馘になったこと等々。

一緒に暮らした青木さんが覗き見たタブロイド紙の世界が活写されている。

よりささやかな物語に惹かれた者たち

私がニューヨークのタブロイド紙に思い入れがあるのには理由がある。

勤めていた出版社を休職して、コロンビア大学のジャーナリズムスクールにいた92年から93年にかけて、私の指導教授が、当時マンハッタンでしのぎをけずっていたタブロイド紙三紙のうちのひとつニューヨーク・ニューズデイの記者だったこともあった。このニューヨーク・ニューズデイが、1995年に廃刊になった時、正月休みを利用して渡米、「なぜニューヨーク・ニューズデイ紙は廃刊したのか」を取材し、その中で知り合った記者ジム・ドワイヤーに惚れてしまったことが大きい。

タブロイド紙は、日本の週刊誌のような存在と考えるとわかりやすい。たとえば、私がコロンビア大学にいた92年から93年にかけてタブロイド紙にとっての大きなニュースは、17歳の少女エイミー・フィッシャーが不倫相手の妻の顔面を銃で撃った事件だったりした。

これをフロントページにでかでかと載せる。誤解を恐れずに言えば、スキャンダリズムを信条とするイエロー・ペーパーだ。

が、一方で、タブロイド紙には、ニューヨーク・タイムズ紙にはない珠玉のコラムが才能溢れるコラムニストたちの手によって毎日掲載されていた。

ピート・ハミルは、デイリー・ニューズの日曜版に掲載した彼のコラムを『ニューヨーク・スケッチブック』（原題はThe Invisible City: A New York Sketchbook）にまとめているが、その前書きにこんなことを書いている。

〈私は戦争やリチャード・ニクソンに対して棍棒をふるうかたわら、よりささやかな物語も書きはじめた〉

〈マーティン・ルーサー・キングが虫の息でモーテルのバルコニーに倒れていたとき、同じメンフィスには、日なたで車を洗いながら妻の浮気に心を痛めていた男もいたのである。ニューアークのビルの屋上から銃弾が発射されていたとき、同じ街の向こう側では若い娘が中年の男と恋に陥っていたのだ〉

硬派のニュースではこぼれ落ちてしまう、人々の生活の中にある喜びや哀しみを描くそんなコラムがタブロイド紙には掲載されていた。

ワンス・アポン・ア・タイム・イン・ニューヨーク

ジム・ドワイヤーも「地下鉄の中で」というコラムをニューヨーク・ニューズデイ紙に連載していた人物だった。何回か電話で取材をしたあと、1996年の7月11日にニューヨークのセントラルパークの南端に位置するパークレーン・ホテルで会ったが、才能あふれるだけでなく、思いやりに溢れる未来志向の男だった。

シドニー・シャンバーグという映画『キリング・フィールド』の主人公のモデルになった元ニューヨーク・タイムズの記者が、廃刊の内幕物を発表していたが、読んでいて気持ちのいいものではなかった。いかに組織が無能で記者が敗北感に満ちていたかを強調するものだったが、そのシャンバーグの記事について聞くと、ドワイヤーはこう言ったのだった。

「シャンバーグの記事は僕も読んだ。どうしても納得できない点があった。廃刊が発表された日、記者たちは哀しみにくれて酔いつぶれていたという記述だ。これは事実と違う。自分はまだテニスで言うステイインザポイントにいると思った。まだ新聞を救う手がある。こう皆に言って投資銀行家に電話をし、政治家に連絡をし、この素晴らしい新聞を救ってもらえるようすぐに活動を始めた。その時シドニーはどこにいたか、何百マイルも離れたところにいたじゃないか」

青木さんの本の中でも、ピート・ハミルが、〈後輩が読んでくれといってきたものには必ず目を通し、（中略）新人記者が署名原稿を初めて書くと、それがどれほど後ろのページで小さなものであっても必ず読んで「おめでとう！」〉と連絡をいれていた話が出てくる。

ちなみにピート・ハミルの人の良さは私の勤めていた前の会社でも有名で、自分の息子がアメリカの大学に入学したいからと推薦文を青木さんを通じて頼んでいた編集者もいた。その青年のことも知らずに推薦文などかけるわけないと直接の担当者は憤慨したが、ピート・ハミルは黙って推薦文を書いた。

ピートもジムもアイルランド系だからそんな底抜けの人の良さがあるのだろうか？

こうした性格は、エスタブリッシュメントではないタブロイド紙の記者だったから形成されたものなのだろうか？

ジム・ドワイヤーは、2001年にワールドトレードセンターが崩壊して多くの犠牲者を出す4カ月前にデイリー・ニューズからニューヨーク・タイムズに移り、この悲劇について精力的に報道、本を書き、2007年からはタイムズでもコラムを書くようになった。

今回、青木さんは「ジム・ドワイヤーも亡くなって本当に寂しくなりました」とメールで書いてきたが、ジム・ドワイヤーは、2020年に肺がんで亡くなっていた。不覚にもそのことを私は知らなかった。

私がニューヨークにいた1990年代当時、デイリー・ニューズの部数は80万部。それが今では4万5730部。あのタブロイド紙の世界は消え去ろうとしている。

しかし、かつてはあったのだ。ピート・ハミルやジム・ドワイヤーが、怒り泣きそして笑った熱いタブロイド紙の世界が――。

2024 5・27

そして日本の地方紙も苦闘している。かつて警察という最大のニュースソースの腐敗を調査報道によって暴いた高知新聞もまた、衰退の波に必死に抗《あらが》っていた。ソースを調査対象にする。そのことによって新聞は「前うち」報道の軛《くびき》から解き放たれる。再びアメリカのかつての調査報道の雄「インディアナポリス・スター」紙の話から始める。

5
ニュースソースを調査報道の対象にした日米ふたつの地方紙

1993年、ニューヨークのコロンビア大学ジャーナリズムスクールに留学したのは、アメリカの調査報道について研究するためだった。むこうにいってみてわかったのは、アメリカの調査報道は、実は地方紙で花開いたということだった。なかでも研究対象に選んだ、インディアナ州の州紙「インディアナポリス・スター」はすごかった。

1974年2月24日、「スター」紙は、6カ月に及ぶ内偵調査の結果、インディアナポリスの警察に大規模な汚職がはびこっているとの調査報道の連載を始める。一面には、売春業者から現金を受け取る警官の隠し撮り写真がでかでかと掲載される。記事には「編集者より」の囲み記事があり、こうあった。

「記者は警察においまわされ、盗聴され、情報提供をしてくれた警察官は、市警の捜査対象になった。スター紙が集めた材料は連邦警察（FBI）にも共有された」

初報のあと、取材班のキャップを含む二人が、でっち上げの罪で逮捕されてしまう。

半年におよぶ集中的な報道の結果、汚職幹部は、FBIによって逮捕起訴され、二人の

MILLIONS IN GRAFT, BRIBERY, 'FIXES'

City Police Corruption Exposed

Six-Month Probe By The Star Shows Crime Is Protected

Editor's Note

Lugar May Name 'Blue Ribbon' Panel To Spearhead Police Force Reforms

1974年２月24日　「インディアナポリス・スター」紙の一面。

記者は不起訴となる。が、特筆すべきは、その4年後、今度はスター紙は「インサイドＦＢＩ」なる連載を始め、ここでＦＢＩのインディアナポリス支局とマフィアがつながっており、犯罪組織が不当にその罪を逃れていることを書くのである。

警察は、新聞の大きなネタもとだ。捜査情報をとって先に書く「前うち」が、日本の新聞の主流であり、そうした記者が「特ダネ記者」としてもてはやされた。だから、93年当時、アメリカの新聞ではこんなことができるのか、と心底、私は驚嘆した。

県警の裏金を暴いた地方紙

しかし、日本でも「スター」紙と同じことをやった地方紙がある。

高知新聞である。

高知新聞社長の中平雅彦《なかひらまさひこ》（1980年入社）とは、彼が常務だった2018年に、河北新報元報道部長の武田真一の案内で、東日本大震災の被災地を一緒にまわって以来の仲だ。

その中平らが、政治部キャップの時代にてがけたのが、県の「闇融資問題」だ。これは部落解放同盟と密接な関係にある縫製業の協同組合に、県が、12億円もの融資を、県議会にもはからず、完全秘密裏に行っていた事件で、高知新聞の独自の調査で明るみにでた。

97年春にその端緒をつかみ、2000年3月に第一報を掲載したこの「闇融資問題」は、県議会がとりあげ、調査権のある百条委員会が議会にできて、縫製工場の用地のほぼ9割が、暴力団組長の所有地だったことがわかる。県警が動き、融資を主導した元副知事、県庁の元商工労働部部長、縫製業者ら7人を逮捕、県側5人のうち元副知事ら幹部3人が背任罪で起訴され、有罪となり、実刑判決をうけた。

このとき、県警側の捜査の動きをとっていたのが、県警記者クラブにいた竹内誠（19

91年入社）だった。

そして、その『闇融資報道』から約2年後の2003年7月、今度は、県警が、架空の領収書をきり捜査費用を飲食代等に流用している不正を、一面トップで報道するのだ。しかもこれをやった記者は2年前の「闇融資問題」で県警から捜査情報を抜いていた竹内誠だった。

サツまわりの記者が、警察の不正を暴く。新聞協会賞は、前者の闇融資のほうには与えられているが、この高知県警の「裏金問題」では、新聞協会賞は授与されていない。しかしこちらこそ、大きな評価に値する調査報道だった。

竹内はサツまわりのために生まれてきたような男だった。1991年に入社以来、ずっと警察担当だった。

その竹内が、県警のキャップになった2003年3月、とんでもないペーパーを、県警内部の人間から渡される。「捜査費執行状況等一覧表」と書かれたB4用紙3枚のもので、いちばん左に現場の捜査員の名前が、次に事件名、そして情報提供者の名前があり、いくら情報料として出金したかが書かれている。

「現場の捜査員は1円ももらっていない。幹部が使っている。腹が立つ」

竹内が裏付けの取材をすると、情報提供者は、すべて虚偽、電話帳から適当に名前をと

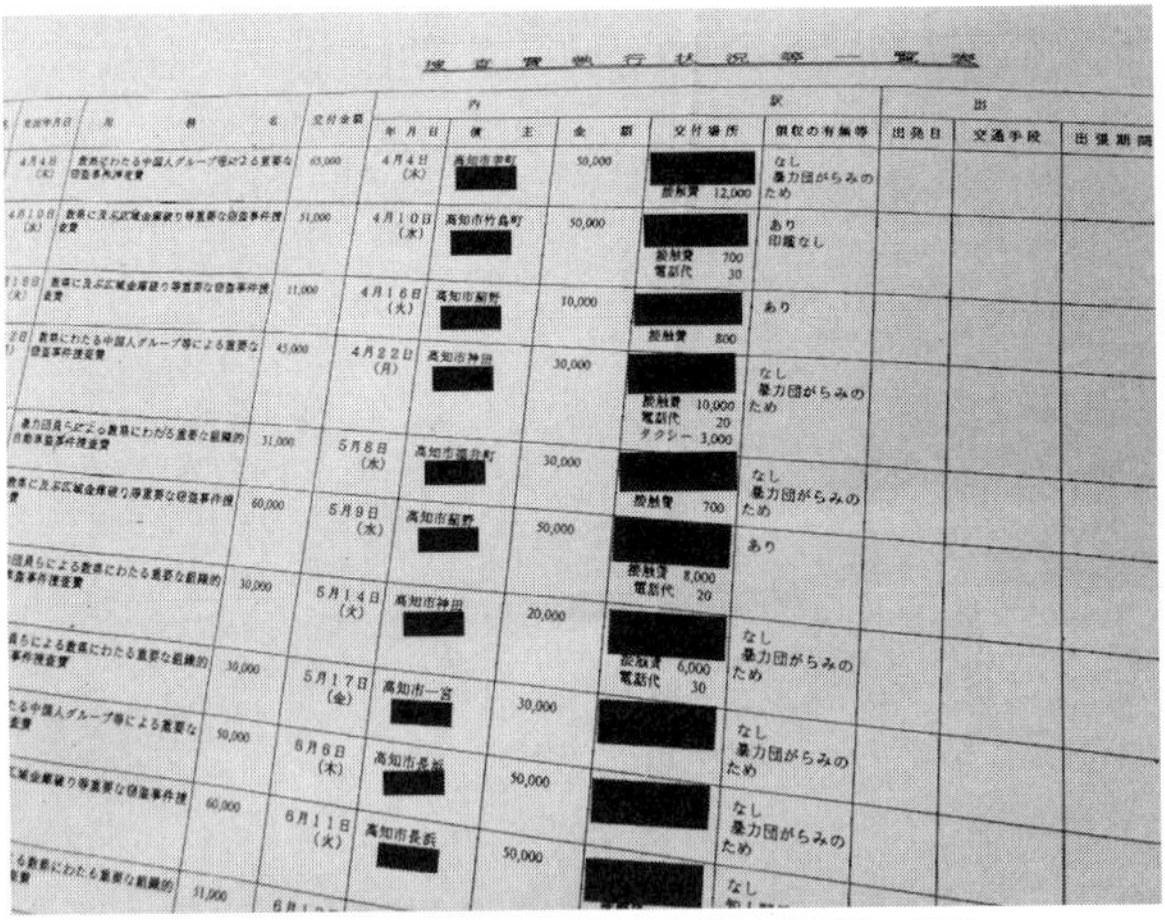

捜査費執行状況等一覧表

受付年月日	事件名	交付金額	内訳 年月日	債主	金額	交付場所	領収の有無等	出張 出発日	交通手段	出張期間
4月4日 (水)	数県にわたる中国人グループ等による重要な窃盗事件捜査費	65,000	4月4日 (水)	高知市[illegible] [redacted]	50,000	[redacted] 懇親費 12,000	なし 暴力団がらみのため			
4月10日 (水)	数県に及ぶ広域金庫破り等重要な窃盗事件捜査費	51,000	4月10日 (水)	高知市竹島町 [redacted]	50,000	[redacted] 懇親費 700 電話代 30	あり 印鑑なし			
[illegible] (火)	数県に及ぶ広域金庫破り等重要な窃盗事件捜査費	11,000	4月16日 (火)	高知市[illegible] [redacted]	10,000	[redacted] 懇親費 800	あり			
[illegible]	数県にわたる中国人グループ等による重要な窃盗事件捜査費	45,000	4月22日 (月)	高知市神田 [redacted]	30,000	[redacted] 懇親費 10,000 電話代 20 タクシー 3,000	なし 暴力団がらみのため			
	暴力団員らによる数県にわたる重要な組織的自動車盗事件捜査費	31,000	5月8日 (水)	高知市[illegible]町 [redacted]	30,000	[redacted] 懇親費 700	なし 暴力団がらみのため			
	数県に及ぶ広域金庫破り等重要な窃盗事件捜査費	60,000	5月9日 (水)	高知市[illegible] [redacted]	50,000	[redacted] 懇親費 8,000 電話代 20	あり			
	団員らによる数県にわたる重要な組織的車盗事件捜査費	30,000	5月14日 (火)	高知市神田 [redacted]	20,000	[redacted] 懇親費 6,000 電話代 30	なし 暴力団がらみのため			
	員らによる数県にわたる重要な組織的事件捜査費	30,000	5月17日 (金)	高知市一宮 [redacted]	30,000	[redacted]	なし 暴力団がらみのため			
	たる中国人グループ等による重要な捜査費	50,000	6月6日 (木)	高知市長浜 [redacted]	50,000	[redacted]	なし 暴力団がらみのため			
	広域金庫破り等重要な窃盗事件捜査費	60,000	6月11日 (火)	高知市長浜 [redacted]	50,000	[redacted]	なし			
	る数県にわたる重要な組織的捜査費	31,000	6月1							

高知新聞社記者竹内誠が入手した「捜査費執行状況等一覧表」。

っていることがわかった。現場の捜査員は、領収書の偽造のために、金額や宛名書きをさせられることもあるという。

　しかし、竹内はそれから2カ月間、悩みに悩む。高知は狭い。警察の人間は、ニュースソースであると同時に、友人や親戚だったりする。これを書けば、自分は警察から一生相手にされなくなるのではないか？

　それどころか高知で生きていけなくなるのではないか？

　そのときの社会部長が中平雅彦だった。中平は、政治部から社会部長に就任した歓迎会の席で「おまえら発表ものを書いているだけだろ」と部員を挑発し、竹内は「もういっぺんいってみい」とつかみかかろうとしてとめられたというのが二人の出会いだった。

しかし、その後、1年たつうちにたとえば、竹内は出した記事に「これは警察側が見たことだろ?」と中平に言われてはっとすることが何回かあった。知らず知らずのうちに自分は警察と同じ見方をするようになっていたことに気がついたのだ。

だが、リスト入手から2カ月。どうしても書く勇気がでない。

初夏のある日、「今晩あいてますか?」。思い詰めた表情の竹内が中平に聞いた。

だから、お前は書け!

2003年の初夏の夜、高知新聞社社会部長の中平雅彦と県警キャップの竹内誠は、最初の店から数えてもう三軒目の店をまわっていた。竹内はこの店で、自分の迷いを正直に中平にぶつける。すでに竹内が、裏金問題を調べていることを察知していた県警は、竹内に圧力と懐柔を繰り返していた。

「もし書いたら高知新聞には必ず復讐する」

「おまえのところに内部文書があるとしたら、それは窃盗だ。犯罪行為だから、お前の携帯電話の履歴は調べさせてもらう」

「これを書かずにおいてくれたら、事件ネタは全部おまえにやる」

社会部長の中平のところにも県警の幹部が訪れて「どうか穏便に」と頭を下げにきていた。

中平は三軒目の店で竹内に「組織は、日を照らさなければよくはならない」と話す。

中平は、県の「闇融資問題」を追いつめていった取材班の筆頭だ。しかし、県庁と同和団体のいびつな関係は、この「闇融資問題」のずっと前からあった。そのことを高知新聞社も気がついていながら、書いてこなかったではないかという反省が、中平にはあった。

差別はあってはならない。しかし、特定の団体によって行政がゆがめられているのは別の問題だ。高知新聞社の上層部もかつては、同和団体とはうまくやろうという姿勢がすけて見えた。新聞協会賞をとった「闇融資」報道だったが、初報では、一面で報じられていない。大きなニュースがなかったにもかかわらず、「闇融資」の記事は社会面の肩に載せられているにすぎない。

だからもし、高知新聞が、もっと早くこの問題に取り組んでいたのなら、副知事や局長も、間違えることはなかった。逮捕されるようなこともなかったのではないか。

「だからお前は書け！　書いてこのような不正を現場に強いるような慣習は、きっぱりやめさせるようにしろ」

竹内の中で、これまで心をふさいでいた氷のようなものが、溶けていくような気がした。

このようにして、2003年7月23日朝刊の「本紙調査　県警　捜査費を虚偽請求「架空『協力者』を仕立てる」」の記事は出た。

今度は、一面をいっぱいに使ったトップの記事だった。

高知新聞が、県の「闇融資問題」から、県警の裏金を自らの責任で書いた2000年から2003年は、高知新聞の部数のピークの時代でもあった。

竹内は今、秘書部長を務めている。私が高知に入った夜、竹内の携帯に電話をすると、「飯を食いましたか」と聞かれた。一人で食べるのは嫌だなと思っていた、と言うと、「焼き肉屋だけれどいいですか」と誘われたので行ってみた。

竹内は、食べ物をとった形跡もなく一人カウンターで飲んでいた。

「会社であった胸のざわつきを、ここで鎮めるんです」

竹内は、県警の裏金報道のあと、編集の現場をまわっていたが、52歳になる2019年4月に、新設の経営企画部の部長に異動になった。

高知新聞社の編集局は二階にある。その二階から離れて会社の総務部門がある三階に異動する時、自分が自分でなくなるような喪失感を覚えたのだと言う。

中平は社会部長のあと、2010年から編集局長をつとめ、この時代に政治部や社会部、経済部を廃止し、報道部としてひとつの部にまとめた。中平が編集局長になったころから、高知新聞の部数は下がり始めたが、「編集局にいる間は、意識したことはなかった」という。が、2015年から、新聞の販売を担当する地域読者局長をするようになって、その数字の下がり方に慄然とする。社長になったのは、2020年4月。そして今回、「社員に刺激を与えてほしい」と講演を依頼してきた。

「前うちをやめて取材体制を根本から考え直して、デジタル対応をせよ」という私の講演に、竹内や高知新聞の記者たちは、反発した。シラスウナギの流通問題を追った「白いダイヤ」（2021年新聞協会賞・菊池寛賞受賞）取材班は特に強く反発した。

「前うちをやりながら、深掘りもできる。事実やっている」と。

一方で、竹内は私の本を読み「うちは日経や読売と比べても20年遅れちょる。今ようやくその議論をしゆうところじゃ」とも言っていたから、「刺激」にはなったのかもしれない。

竹内が入社した1991年には、三桁はいた高知新聞の志望者も、今年度は20人ほどしかいなかったという。

かつて警察・FBIを調査報道の対象にした「インディアナポリス・スター」紙は、2000年にUSAトゥデイを持つガネット社に買収され、ネットへの対応にも失敗し、独力では今は見る影もない。

中平は、幸徳秋水の出た高知県旧中村町の出身。子供の頃は、幸徳の墓のある墓地で遊んでいた。県の文学館で「生誕150年　幸徳秋水展」が行われていたが、「ぜひ見に行ってください」と強く勧められた。

無政府主義者の幸徳秋水は、冤罪で死刑となり処刑される。保守主義者でありながら、その助命を嘆願した徳冨蘆花は、幸徳らが処刑をされたその直後に、旧制一高の学生を前に「謀《む》叛《ほん》論」と題するこんな演説をしている。

「諸君、我々は生きねばならぬ。生きるために常に謀叛をせねばならぬ。自己に対して、周囲に対して。新しいものは常に謀叛である」

「スター」紙のようにならないためにも、社長の中平は改革を急ぐ。

2022　1・31、2・7

苦闘する地方紙の話をもうひとつ。

6　変わらないために変わる

大分合同新聞社の社長長野景一は、2016年に42歳の若さで社長になってから、めったに笑わなくなった。同社は長野家のオーナー企業だ。

「副社長時代には、あんなに笑顔でいたのに、なんでそんな怖い顔になったんですか」

長野景一は、他数人の取締役とともに、20代、30代の若い世代との食事会を月に1回おこなっている。現場の声を聞くために始めた試みだったが、あるとき、その会で若い記者からそう聞かれて、どきりとする。

紙からネットへ怒濤のように変わる市場を前にして、地方紙は苦闘している。

大分合同新聞も例外ではなく、2003年には25万部あった紙の新聞の部数は、2022年下半期には16万4848部、つまりこの20年で3分の2に縮小してしまった。

「変わらないために変わらなければならない」

長野は社長に就任してから幾度となく、こう社員に語りかけている。

自分で先に結論をだすことはしない。執行役員以上が参加して「いかに持続可能な新聞社をつくるか」を討議する幹部会に私は出席したが、長野は、それぞれの意見は聞くが、最後まで自身が発言することはなかった。

その長野が、期待をよせているのではないか、と現場が感じている新しいプロジェクトがある。

大分合同新聞は、1951年に、全国に先駆けて朝夕刊の完全セットを始めた新聞だ。その栄光の夕刊を廃刊にしたのが、2020年3月末。翌4月からその夕刊にかわる形で朝刊に週4回、タブロイド判8ページの「GX PRESS」がはさみこまれるようになった。

深堀りの特集をメインにした別刷紙

5代目の社長である長野景一が、同社に入社したのは、2004年4月。その年の秋には副社長になるが、まだ30歳だった。紙の新聞がピークをむかえていたころだ。

同社に入社する前は、電通にいたが、電通時代の長野は、夜、西麻布のクラブで「DJイントニオ」としてレギュラーを持ち、二枚のターンテーブルのLPを両手でスクラッチして、フロアをあげていた。髪形もロンゲやソフトモヒカンと自由自在。

「大学を卒業してから、新聞社を継ぐという運命をできるだけ先のばしにしたかった」

そうした長野だったため、入社してからは、他の役員や父親とのコミュニケーションに苦労をした。デジタルが重要だといくら役員会で主張しても、まったくわかってもらえない。

このころから考えていたのは、夕刊の休刊だった。

朝夕刊完全セットでやっている地方紙は、大分合同以外に２紙しかなかった（静岡新聞・東奥日報）。父親の世代の役員たちは、夕刊こそ大分合同新聞と、休刊にふれることはタブーだった。

が、２０１６年に長野が社長になると、販売のほうから「人員が足りず土曜の夕刊が配れない。土曜だけでも休刊にしてくれないか」という提案が執行役員会にあり、休刊を決断する。

しかし、ただ休刊にするだけでなく、新しい媒体をつくることを下に打診し、そこからあがってきたのが、「ＧＸ ＰＲＥＳＳ」のコンセプトだった。

日々のニュースを報道してきた夕刊とはまったく違う。ビジネス（火・金）、エデュケーション（月１回）、おでかけ（月２回）と、分野をきめて毎回深掘りの特集を掲載する。タブロイド判で朝刊にはさみこむ形で家庭に届けられる。

編集部をつくる際には、あえて編集部門から編集長を起用せず、広告部門から選んだ。他にも販売などの編集以外の部署からも人材を登用し、混成部隊の編集部の陣容は現在14名。

この「GX PRESS」は新聞にはない自由な企画が掲載される。たとえば私が大分にいた2月21日には、入社4年目の20代の女性記者の企画で、「男だってメークしたい」と男性のメーク術とビジネスシーンでの応用について巻頭3ページの特集をつくっていた。

特筆すべきは、この「GX PRESS」は、時間の経過に耐えうるコンテンツを目指していることだ。たとえば編集部は大分のスタートアップに資金が集まらないことに注目し、どうすればファンディングができるか、そうした課題解決型の報道にもとりくむ。編集部の記者は記者クラブに属していない。

しかし、本流の報道部からは社内会議で「あれはジャーナリズムではない」という批判もうける。就職のインターンシップで、学生に向かって、そう言ってしまう報道部員もいる。「サツまわりこそ新聞記者だ」という意識なのだ。

本紙の紙面は、それぞれの地域版が5面あり地域の話題を、そして社会面、一面では県庁、県警からの発表等の発生ニュースが紙面を埋める。しかし、これまでのような発生ニュースを掲載するだけの紙面では、デジタルの有料会員も伸びず、限界は見えている。

大分合同新聞の電子有料版は紙とまったく同じニュースしか流していない。この契約を伸ばすためには、まず中身を時間経過に耐えうるコンテンツに変えていく必要がある。現在、報道部、地域報道部は52名。県のすべての発生ものをカバーしようとする限り、本紙の内容を時間経過に耐えうるような、そこにしかないコンテンツに変えていくことは不可能だ。

編集局長の下川宏樹は「それでも、発生ニュースを地方紙が追うことは必要だ」と私に語ったが、報道部も「変わらないために変わる」必要がある。

「GX PRESS」はそこに風穴をあける新しい流れのように見える。

2023　2・28

「GX PRESS」はこのあと2023年4月から紙での発行をやめてウエブに移行している。私が大分合同新聞を訪ねた2023年2月には編集部員だった佐藤栄宏が編集部長を務めているが、苦戦している。

「GX PRESS」は、ウエブでは無料で記事を配信している。本紙の記事が配信されている画面の右上からとぶようになっている。そこで配信されているのは、たとえば、大分県ビジネスアイデア実現支援プログラム「GEAR」に採択された企業がいかにアイデアを具体化していったか、というシリーズであったりしてそれなりに工夫はあるのだが、本紙とまったく乖離している。

本紙のほうでは、これまでどおりの発表ものを中心とした紙面をデジタルにうつすという構成なのに対して、「GX PRESS」の編集方針は自由だが、本紙との関連性が見えない。

2024年の異動で、編集部の人数は14名から6名に縮小されてしまった。社内では、編集部を別にしておく必要があるのか、という議論もあるという。企画を自分たちの頭でたてて記事にしていく、そういうやりかたが、本紙のほうに広がれば、ある突破口になると思うが、それは長年しみついたやり方の軛《くびき》もあり、難しいという声も聞いた。

さて、苦闘をしているのは新聞だけではない。雑誌もまた苦闘をしている。もともとこのコラムは、サンデー毎日で2020年3月に始まり、2022年7月に週刊朝日に移籍した。サンデー毎日の連載の最終回で、サンデーが週刊から月3回刊になったのをうけて「週刊で刊行を続ける週刊朝日に移すことの了承をいただきました」と書いたらば11カ月で週刊朝日のほうがなくなってしまうことになった。

その週刊朝日の最終号に書いたコラムが次。

7
週刊朝日の「夢十夜」。紙の雑誌の時代とともに生きた。

こんな夢を見た。

戦争の気運が遠のき、何やら世の中がかまびすしい。海軍は軍縮をせまられた。新聞が初めて100万部を突破した。そんな時代に、日刊ではなく、月に一度、あるいは10日に一度、様々な言論をのせる「雑誌」というメディアが誕生していた。

百年前の大阪にいる。

まだ大阪に社の中心があった朝日新聞社で、10日に一回発行される「旬刊朝日」の準備に自分はあたふたしている。たいへんな数の注文が、刊行前から舞い込み、35万部を刷ることになった。三百余人の男女の工員をやとって、三昼夜ぶっとおしで印刷した紙面を裁断し折った。

へとへとになって創刊号を送り出すと、女の声がどこかから聞こえてきたような気がした。

百年見ていてください。

これから百年の間こうして見ているんだなと、腕組みをしながらその題字を眺めていた。

そのうちに女の声のとおりに、あたふたと記者と編集者が記事をつくってゲラ刷りを点検し、「よし」の編集長の一言で校了し、雑誌がまた出た。

二つと自分は勘定した。

三つと勘定したときに京大の法学部の教授の書いた「貞操に関する婦人問題の法的考察」という記事が出た。裸婦の絵を中央に配したその記事では、「姦通罪が適用されるのはなぜ女性だけなのか」という問題を論じていた。

当時の刑法では、結婚している夫婦で不倫をした時、罰せられるのは妻だけだった。夫が他の女と通じても罰せられず、妻を寝取った男も罰せられない。これは不公平ではないのか、という議論について、教授の見解を、古今東西の姦通罪の歴史をひもときながら論ずるのである。

〈古代メキシコに於ては、姦通せる妻の耳及び鼻を切り、ペルーに於ては妻及び相姦者を共に死刑に処し〉たが、グアテマラにおいては、妻に対しては夫は何ら制裁を加えない権利があり、その権利を行使すると〈非常に尊敬せられた〉。

その教授は、男性に姦通罪をかすのではなく、そもそもこの姦通罪自体をなくして、不貞行為では、民法で、損害賠償を得られるようにすればよい、という結論をだしていたが、この2回の連載は、新聞では絶対にとりあげることのできない、「不倫」の是非について具体例をあげながら論じて、これがまた読者を増やすことになった。

「旬刊朝日」は五つと数えた時に、「サンデー毎日」が創刊されるのにあわせて「週刊朝日」となった。

それからいくつ、自分は「校了」作業をみたかわからない。勘定しても勘定しつくせない「校了」があり、雑誌があり、人々の喜怒哀楽があった。

刊行日には、列車に中吊り広告がでるようになり、人々はそれで世の中の動きを知るようになる。

100万部をうかがう時代には「原爆が若し東京に投下されたならば」（1951年8月19日号）という、「大胆な予測報道」に取り組んだ号もあった。超能力ブームにわいた1974年には、写真部員が少年のスプーン曲げを連写し、そのトリックを明らかにしたりもした。

2023年5月13日の土曜日、その日も「校了」の声を聞きに、編集部にいった。

夕方6時なのに、編集部はがらんとしていた。多くの編集者はリモートで仕事をしているのだという。編集長も出社していない。

ふとみあげると、天井からは、いくつもの中吊り広告が下げられていた。が、その中吊り広告は色あせ、民主党政権時代のものを最後にとまっていた。
「百年はもう来ていたんだな」とこの時初めて気がついた。

週刊朝日は紙の雑誌の草分けだった。その紙の雑誌の時代が終わりつつある。では雑誌というメディアの可能性がないかというとそうではない。英『エコノミスト』誌（1843年創刊）、や米『ザ・ニューヨーカー』誌（1925年創刊）は、現在も部数を伸ばし続けている。『週刊朝日』との大きな違いは、電子有料版に成功したことだ。週刊朝日もウエブには対応したが、アエラドットという無料で記事が読めるサイトだけだったことに大きな違いがある。

部数という言い方はもうそぐわないかもしれない。月極めあるいは年間購読の契約者数で数える。英『エコノミスト』誌でいえば、1996年に50万部だった部数は、最新の数字で118万5000契約者数ということになる。

サンデー毎日で2020年3月に始まったこの連載は、週刊朝日休刊のあと、6月12日発売号からAERAに移る。ただし、当面の間は隔週での連載。回数はみたび「第一回」からということになる。

そこでしか読めないものを、今後も書き続ける。

週刊朝日の廃刊のあと、コラムをＡＥＲＡに移してからは、雑誌の成功例を三つとりあげた。週刊ダイヤモンドと東洋経済新報社、そして『ハルメク』である。どれも、紙の中だけで考えていては、理解できない成功例で、その絵解きをした。第２章はその話から始める。

２０２３　５・30

第2章

繁栄する国内の雑誌メディアを探す

1　有料デジタル版を成功させた日本で唯一の週刊誌『週刊ダイヤモンド』

週刊朝日の休刊で様々な人が様々なことを書いたが、はっきりしているのは、いくつかの例外を除いて紙の定期刊行物は終りの時代を迎えつつある、ということだ。

多くの週刊誌は（このＡＥＲＡも）、デジタルでの展開をしているが、記事をただで読ませてＰＶで広告費をとるという無料広告モデルを採用している。しかしこのモデルでやっているかぎり、紙の落ち込みをウエブではカバーしきれない、というのは新聞と同じだ。その理由はウエブでのＰＶあたりで支払われる広告費があまりに安いからだ。

今のところ、唯一の生き残り策と言えるのは、デジタル有料版を成功させることだ。英エコノミスト誌、米ニューヨーカー誌がこのモデルを成功させている。

日本の週刊誌で有料デジタル版を成功させている今のところ唯一の例と言えるのが週刊ダイヤモンドだ。

週刊ダイヤモンドの紙の店頭売りの実売は2万2389、定期購読が3万3582。これに対してデジタル有料版は2万9654の契約者がいる（2022年7月～12月期ＡＢ

C部数）。つまり全読者のうち三分の一がデジタル有料版の読者ということになる。

週刊ダイヤモンドのデジタル有料版「ダイヤモンド・プレミアム」は、2019年6月にスタートしたが、有料版の成功で、一度は行き場を失っていたダイヤモンド社の経済ジャーナリズムが息を吹き返しつつある。

ただし、このデジタル有料版のローンチはただ、無料モデルを有料モデルに変えただけではない。無料モデルだったダイヤモンド・オンラインとの統合編集部の誕生や、広告、営業もレポートラインは、このDXを進めた局長に一元化するという組織の大変革があった。

週刊ダイヤモンドの有料デジタル化はいかになったかをお届けすることにしよう。

算盤を離れて何物も無い

全社員の7割が中途入社組に占められるダイヤモンド社において社長の石田哲哉は、1986年に上智大学からダイヤモンド社に入社をした生え抜きだ。ダイヤモンド誌は週刊朝日より約10年早い1913年に創刊されているが、創刊号の巻頭言にこうある。

〈本誌の主義は、算盤の二字を以て尽きます。本誌は是とするも非とするも、総て算盤に

拠り、算盤を離れて何物も無い〉

この創刊号の巻頭言そのままに、週刊ダイヤモンド誌は長く社の旗艦誌として、社員が製造業、金融業、建設業を始めとする各業界を担当する記者として記事を書き、経済ジャーナリズムの一翼をになってきた。

石田が、そうした週刊「ダイヤモンド」の読者が変わってきたことに気がついたのは、2000年代に入ってからだったか。これまでだったらば鉄板の業界の記事が売れなくなり、相続や大学ランキング、出世、年収といった軟派の特集をカバーストーリーにすることが多くなっていたのだ。特に書店売りにその傾向が顕著だった。

ウエブへの進出は、無料広告モデルの「ダイヤモンド・オンライン」が2007年10月スタートと早い。当時は、こうしたメディアがなかったこともあって、無料広告モデルでも売上は増えていたが、しかし、ここでPVを稼ぐ記事というのは、紙の雑誌とはまったく違った。かつての週刊「ダイヤモンド」が得意としていた経済ジャーナリズムの本道をいくような記事は読まれなかった。

2010年前後になると、『もし高校野球の女子マネージャーがドラッカーの「マネジメント」を読んだら』（2009年）や『嫌われる勇気』（2013年）などのミリオンセラーが、出版で相次いだこともあって、「週刊ダイヤモンドは会社のお荷物」と社内でみられるようになってきた。そうした中で、これまで業界をカバーしてきた40人強の社員記者たちをどうするのかというのは大きな課題だった。

つまりダイヤモンド社創業の精神的支柱でもあった経済ジャーナリズムをどうするか、という大問題だ。

急進派３人がＮｅｗｓＰｉｃｋｓに移籍

週刊ダイヤモンドが生き残る道は、デジタル有料化にしかない、という意見は編集部の中でも根強くあった。が、問題は、紙の編集部とは別に存在するダイヤモンド・オンラインは別の局にあること、そして営業部や広告は、紙の定期購読や書店販売に紐付いていたことだ。

これは日本の新聞社や他の週刊誌がすべて抱えている問題で、デジタル有料版のローンチはこれら他の部局と利害が衝突する。なのでなかなか話が前に進まない。

週刊ダイヤモンドの中核を担っていた急進派の三人が、そろって紙をもたない有料デジタルのニュースサイト「ＮｅｗｓＰｉｃｋｓ」に２０１６年に移籍したことで、この改革は待ったなしだという衝撃が社内に走った。

ショックをうけたうちの一人が、2008年7月に産経新聞から週刊ダイヤモンドに移籍してきた山口圭介だった。

山口は、高校生の時に父親が多額の借金を背負って失踪している。バブルの崩壊で投資していた不動産や事業が焦げついたことが理由だった。そのとき以来、〈是とするも非とするも、総て算盤に拠り、算盤を離れて何物も無い〉というのは全くの真理だと思っていたし、だからその大元である経済を掘り下げるジャーナリズムをやりたくてダイヤモンド社に入社している。

山口は、急進派なきあとの、週刊ダイヤモンドの有料デジタル版のローンチの提案をまかされるが、ダイヤモンド・オンラインや、紙の営業・広告との調整は手にあまった。

週刊ダイヤモンド単独で有料デジタル化する案を取締役会にあげるが、否決されてしまう。

が、その否決の理由は、「週刊だけを有料化しても意味はない。組織改編をふくむもっと大きなDXを考えなくては」ということだった。

2016年6月に社長になっていた石田哲哉は、そのため外部からの人材の招聘を考える。ロイターでインターネットのビジネスをやっていた麻生祐司だ。麻生はもともと週刊ダイヤモンドの記者だった。その麻生を石田はこう言って口説く。

「もう一度、経済ジャーナリズムをダイヤモンド社に復興させたい。そのための組織改革を含めてお願いしたい」

こうして麻生は、2018年10月に古巣のダイヤモンド社に再入社、無料広告モデルを廃止し、紙と有料デジタル版の統合編集部をつくる改革に着手する。

紙とデジタルのレポートラインを一本化する

ダイヤモンド社社長の石田哲哉に、デジタル有料版導入のための舵取りを頼まれ、ロイターから移籍した麻生祐司は、これまで別の局に所属していた週刊ダイヤモンド編集部とダイヤモンド・オンラインの編集部をまず統合しなくてはならないと考える。

さらにデジタル有料版の会員を増やしていくためには、あつまってくるデータを解析するデータアナリストが必要だ。麻生はデータアナリストを複数採用し、石田はテクノロジー全般をみていくチーフテクノロジーオフィサーを他社から引き抜いた。

組織の大改編を石田は決断し、ダイヤモンド・オンライン編集部と週刊ダイヤモンド編集部を統合、ダイヤモンド編集部とした。さらに、記事をさばいてだしていくためのデジタル編成部、顧客獲得のためのオーディエンス開発部などをつくり、新設のビジネスメディア局の下において局長を麻生にした。

統合編集部の編集長は、社内で有料デジタル版の研究をかねてからしていた副編集長の山口圭介が就任し、有料版のローンチは2019年6月に定められた。

このデジタル有料版「ダイヤモンド・プレミアム」は冒頭で紹介したように、2022年下半期で3万人の有料会員を獲得するようになるのだが、その成功の理由のひとつに新聞社や他の週刊誌がおちいっているような「他部局との利害の衝突」を組織を変えることでなくしていた、ということがある。

統合編集部をつくったことの他、たとえば紙の定期購読については、営業部から権限を移管し、麻生がみるようにした。デジタル有料版は、月額プラン、年額プラン、3年プランとある。もし紙の週刊ダイヤモンドの定期購読を営業部がみるようになっていると、ここでデジタル有料版と利害の衝突が起きる。新聞社がなかなかデジタル版オンリーの販売にふみきれないのも、紙の新聞を販売局が売っている以上、デジタル版はそこから読者を奪うものとみられてしまうからだ。ところが、ダイヤモンド社では、紙の定期購読とデジタル有料版の購読を同じレポートラインにのせることで、その利害対立を解消したのだった。これで、たとえば、デジタル有料版の価格政策を自由に麻生が行うことができた。

社長の石田は「ダイヤモンド・プレミアムは週刊ダイヤモンドの有料版ではなく、ダイ

麻生祐司（左）と山口圭介（右）。麻生は本文では再入社と書いたが実は再々入社。94年から96年まで週刊ダイヤモンドの記者をやったあと、ブルームバーグで短期間働いている。その後ダイヤモンド社に再入社し、ダイヤモンド・オンラインの立ち上げに参加した。山口は、産経新聞で支局・総局勤務のあと、経済ジャーナリズムへの憧れ断ちがたくダイヤモンド社に2008年入社した（写真：朝日新聞出版）

ヤモンド社全体のデジタル有料版なんだ」と私に語ったが、ローンチの時から、『嫌われる勇気』や『もしドラ』などのベストセラー単行本を電子書籍で読めるようにしたのは、その最たるものだろう。ダイヤモンド社の強みであった書籍も、サブスクのコンテンツに加わったのである。

経済ジャーナリズムの復権

山口の右腕として準備段階からデジタル有料版のプロジェクトにかかわってきたのが、2023年7月から山口のあとをついで統合編集部の編集長になった浅島亮子《ふさこ》だ。ダイヤモンド社の入社は2000年。新卒の生え抜きで、ずっと週刊ダイヤモンド編集部で記者・デスクをしてきた。

「右肩さがりしか知らなかった私が初めて経験している右肩あがりの世界」と浅島は、デジタル有料版ローンチ以降のことを表現する。

就職氷河期になんとかダイヤモンド社に就職するが、入社一年目には経営難から全社的な賃金カットがあり、以来、すべてのものを斜に構えて見るようになったという。そして浅島が記者として担当した会社は、なぜか経営危機に陥いるのだった。日商岩井、雪印、

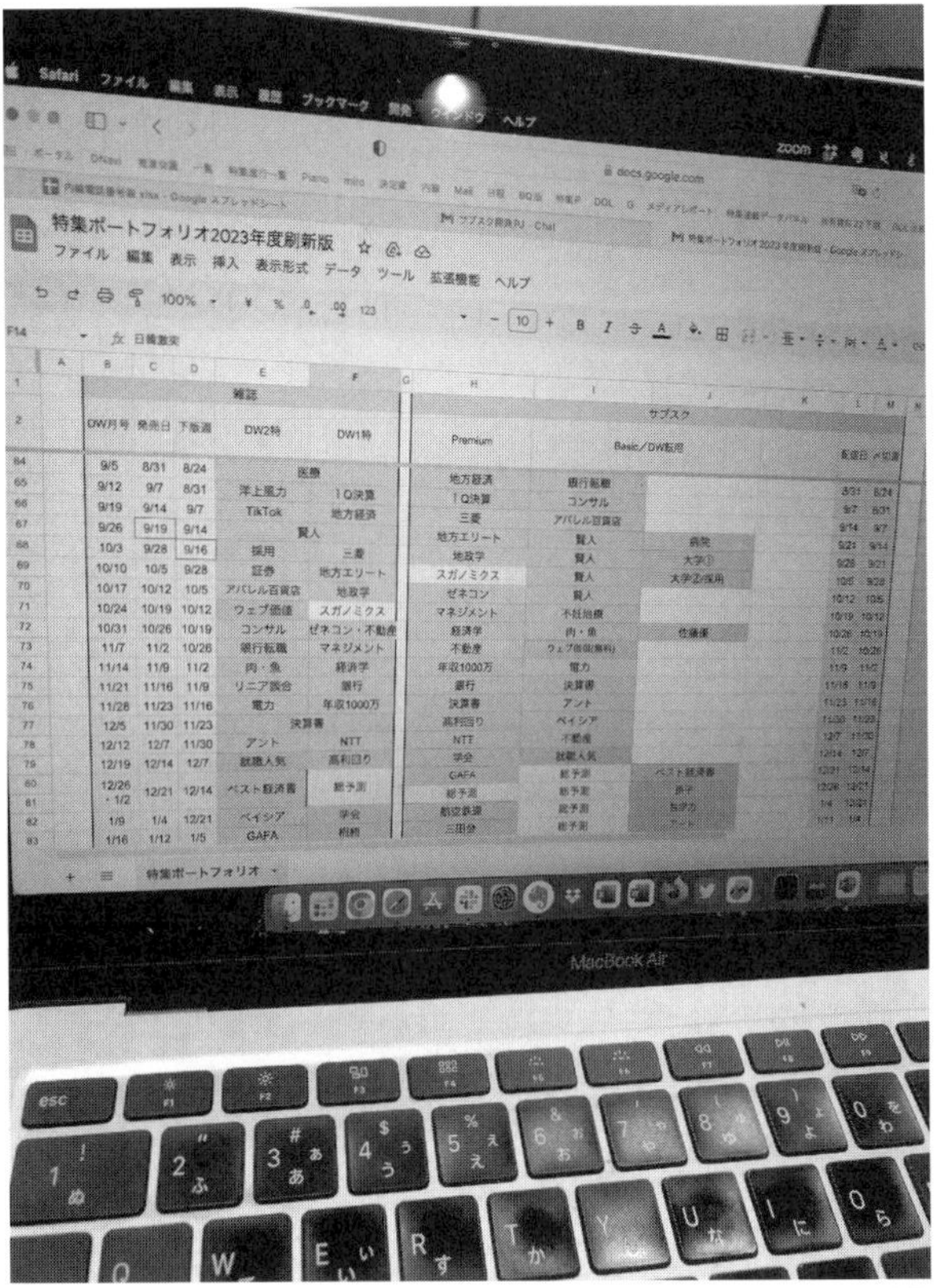

初代の統合編集長だった山口圭介が見せてくれた有料電子版と紙の特集の進行表。最初のうちは紙からウェブへという流れもあったが、それだと双方ともに数字が伴わず、現在はまず有料電子版に出したものをアレンジして紙の特集に落としこんでいる。

三洋電機……。これらの会社が崩れていく様を取材することになった。その業界で伝統のあるレガシー企業が自ら変化することができず、消えていく様を見てきたこともあって、デジタル有料化を社の政策とすることができず、NewsPicksに、編集部の中核メンバー三人を奪われたときには、「うちが『変われないオールドメディア』の烙印を押されたも同然」と愕然とした。浅島は、企業産業ものをじっくりと取材できる記者の数が業界全体で減っていたことにも心を痛めていた。経済ジャーナリズムを雑誌社でやることはもう無理なのか。

それが「ダイヤモンド・プレミアム」の開始とともに徐々に変わりつつあることを浅島は実感することになるのである。

まずダイヤモンド・プレミアムで出す特集記事は、「セブンDX敗戦」（全15回）、「エネルギー動乱」（全20回）にしても、かつてのように記者が存分に深掘りをして、その企業あるいは業界の大きな変化をつかんだものだった。

紙の雑誌では、一つの特集で、2万から3万の読者を目指さないとならないが、サブスクでは、ひとつの特集で有料会員を１００人獲得できれば合格ラインだった。だから業界の深掘りができる。「セブンDX敗戦」では、１８００の有料会員を獲得した。

もちろん紙の雑誌も維持しなくてはいけないからライフスタイル系の特集も続けている。

しかし、かつては難しかった産業・企業ものが完全復活し、ダイヤモンド社の精神的支柱だった経済ジャーナリズムを追い続けることができるようになったのである。

紙プラスデジタルで10万の大台へ

２０２３年6月まで統合編集部の初代編集長だった山口はダイヤモンド・プレミアムと週刊ダイヤモンドの進行表をみせてくれた。最初のうちは、紙の雑誌で最初にやった特集をデジタルに移しているケースもあったが、それだと紙の売上もデジタル獲得読者数もいまひとつだったこともあって、まずデジタルのほうで連載をした後に、それをアレンジして紙の特集にもっていくケースがほとんどになった。

山口は、浅島を後継の編集長にすると、局長に就任した。局長だった麻生は常務に昇進する。

浅島によれば、２０２２年下半期からさらに有料デジタル版の契約者数を５０００人うわのせして、現在合計で3万５０００人。紙とあわせると10万の大台が見えてきたのだという。

浅島は記者としても忖度のない記事を書くことでも有名で、某大企業の記事を書いたときには、「浅島を代えろ」と社の上層部に広報部がねじ込んできたこともあった。

浅島がそういう話があったと間接的に知ったのはずいぶん後のこと、今も経営陣からは何も言われていないという。

そうした忖度《そんたく》のない経済ジャーナリズムこそがダイヤモンドにしかできないこと、それがサブスクの読者獲得につながり、経営的な繁栄にもつながり、ジャーナリズム追求の素地になる。

最近浅島が嬉しかったこと。ＮｅｗｓＰｉｃｋｓに脱藩したくだんの三人から、編集長就任のお祝いとして花が届いたことだ。

長かったお荷物の時代が過ぎ去り、新しい時代を自分たちは切り開いたことを、その人輪のひまわりたちが祝福してくれているようだった。

2023　8・7、8・21

ダイヤモンド社の成功から他社は何を学べるだろうか？　それは、会社の機構を変えて、紙とデジタルの編集部を統一し、レポートラインを一本化したことだ。

よく文春オンラインが成功モデルとして、とりあげられるが（ＡＥＲＡ　2024年6月

24日号でもそうだった）、商業的には成功しているとは言えないだろう。なぜならば、広告の売上が全てであり、その広告は配信型広告に偏っており、配信型広告の単価はコロナ以降下がる一方だからだ。

週刊文春は、有料電子版を始めているが、その部数は紙の落ち込みをカバーしていない。なぜ、なかなか有料会員数が増えないかといえば、文春オンラインという無料のメディアで週刊誌の記事の要諦を読者は知ってしまうからだ。

そして文春の場合、紙の編集長、文春オンラインの編集長、週刊文春デジタルの編集長がそれぞれ別々で、週刊ダイヤモンドのように一本化されていない。

それぞれに紐付く営業も、ダイヤモンド社のように一本化されていないと、どうしても利害衝突がおきる。

これは新聞社の場合も同じで、紙の販売局が、有料デジタル版の県内での販売を認めないケースは多々見られる。

次の東洋経済新報社は、「将来を予測する」という新聞とまったく違うベクトルをもって日経をも制した事例だ。

2　こうして日経に勝った！ 未来を予測する雑誌『会社四季報』の秘密

『週刊東洋経済』編集長の風間直樹は、2014年から2017年までの三年間だけ朝日新聞に移籍していた。特別報道部に配属となったが、3年で東洋経済新報社に出戻ったのは、新聞社特有の文化にどうしてもついていけなかったからだ。

記者クラブに配属されて官僚や警察官の情報をぬいて「前うちで書く」、そう訓練をうけてきた新聞記者とは、よってたつベクトルの位置からまったく違っていると肌で感じた。配属された特別報道部という調査報道専門の部署ですらだ。

こうして東洋経済新報社に戻ってきた風間は「よき四季報文化」という言葉を使う。

東洋経済新報社の売上の3割強を占めるのが、四半期ごとに発行される『会社四季報』だ。

東洋経済新報社の社員は編集局に配属されれば、たとえ週刊東洋経済編集部に配属されても、四季報の担当を持つ。ＯＢの再雇用や業務委託もふくめて記者の数は150人、全上場企業3919社全てに担当がいる。

そしてこの四季報こそが、新聞とは違う東洋経済新報社ならではの社のバックボーンとなっているのだという。
「新聞は過去のことを報道するのが、基本。ところが、四季報は将来どうなるのかということを書くのです。そこがまったく違う」（風間）
この『会社四季報』は1年に4回刊行される季刊誌で、毎号約20万部弱の売上がある。この四季報をデータ集というとらえかたをすると間違える。
将来を予測し、判断をし、評論をするジャーナリズムなのだという。

2・26事件の起こった年に創刊

2005年4月から2006年11月まで『会社四季報』の編集長をつとめ、現社長である田北浩章《ひろあき》は2・26事件の1936年に創刊された『会社四季報』の創刊号の一ページをコピーして示してくれた。

南満州鉄道株式会社。

その記事欄にこうある。

〈即ち純経済企業でなく国策的な代行機関である。そのために相当無理な投資をも敢行せ

ねばならぬ。従って収益力の向上は中々望み難い〉
「軍部台頭の時代に、ここまで書いている。会社四季報の記事欄は、創刊当初から過去におきたことの記録ではなく、東洋経済新報社はこう考えるという解釈と評論そして予測を掲載してきた」(田北)
田北自身も、記者だった2011年担当していた工作機器のファナックに思い切ったことを書いている。
当時のファナックは、創業者の稲葉清右衛門が一線で力をもっており、上場企業にもかかわらず、四季報の取材を拒否した。それに対して田北は、四季報でこう書く。
〈全媒体平等対応理由に個別取材不可のうえ、11年3月期決算説明会中止。社外メールは情報セキュリティ理由に原則禁止続く。日本語ホームページも突然閉鎖〉
この記事をきっかけにファナックの株価は大幅に下がった。ファナックはあわてて、広報室を新設し取材対応をするようになった。それにたいして「四季報」の秋号では「改善」として広報室新設の事実を記した。

過去に何が起こったのかではなく先に何が起こるか？

1979年3月に日本経済新聞が、『日経会社情報』という『会社四季報』のライバル商品をだした時、日経のデータバンク局長だった鈴木隆は、日経のデジタル化を背景にすれば、東洋経済新報社など敵ではないと、田原総一朗の取材に答えている。

「東洋経済さんの記者がひとつひとつ取材して書いているという、そういうものではなく、ウチは、全く自動的にできてしまう」（『電子戦争・メディア戦争』1983年　文藝春秋）

それに対して『会社四季報』が装備した新機軸は、2年先までの業績を記者が予測するという「2期予想」だった。

これは1982年に『会社四季報』の編集長になった篠原勲の時代に始まるが、篠原はこんな言葉を残している。

〈日経は新聞社、東洋経済は雑誌社、その違いは何かとも考えました。やはり新聞社は客観情報を重視しており、会社の発表した予想数字にこだわらざるをえないのではないか。一方、雑誌社は記者の取材、分析に基づいた独自予想という特徴が出せる〉（会社四季報全70年DVD　付録冊子より）

当時は日本にはまだアナリストという言葉すらなかった時代だった。篠原は、アメリカにはアナリストと呼ばれる人たちがいて、3期や5期先の予想をする情報誌があるという話を聞きつけ、足で企業をまわっている東洋経済新報社ならば、これができると考えた。

これは大ヒットとなった。『日経会社情報』には、会社が発表する一年先のみの決算予想はあるが、記者が独自に将来の決算を予想をするという欄はなかった。『日経会社情報』のシェアは3割を超えることはなく、『会社四季報』は常に7割のシェアを確保した。

現在、東洋経済新報社の売上115億8000万円のうちデジタルからの収入は5割を超えている。そのうちの大きな売り上げを占めるのが、四季報で集めたデータをBtoBで機関投資家に売るバルク販売だ。なかでも、2期予想は、海外の機関投資家も購入する人気商品だ。

『日経会社情報』は2017年春の号を最後に紙の市場からは撤退する。ダビデはゴリアテに勝ったのである。

現在編集長をつとめる冨岡耕《こう》は、2007年に産経新聞から移ってきた。

新聞記者時代は、自分でどう考えるかというよりは、何が発表されるかを追いかけていた。

それが東洋経済新報社に移籍し、四季報で何社も担当するようになると、ここでの取材が「過去に何が起こったのかではなく、先に何が起こるかを書く」ためにあることをたたき込まれる。そのためには財務諸表も読めなくてはならない。担当する会社を定期的に訪ね、社長とも議論をする力がなくてはならない。

そうして主体的な定点観測を続けているうちに大きな問題に気がつくことがある。

たとえば損害保険ジャパンを担当していた記者は、四季報の取材の中で、ビッグモーターの保険金不正請求の件を知り、国交省の聴取で不正が炎上することになる一年前に、〈保険の「不正請求疑惑」めぐり大手損保が大揺れ　中古車大手ビッグモーターの組織的関与が焦点〉との記事を東洋経済オンラインに掲載している。

東洋経済新報社の創業は明治28年（1895年）。創業者・町田忠治は、東洋経済新報の創刊号の社説で「政府に対しては監督者、忠告者、苦諫者となり、実業家に対しては親切なる忠告者とならん」と書いた。

官僚からペーパーを抜くのではない、会社の言うなりに書くのではない、独自の判断を提示するジャーナリズムとしてそのイズムは今日にも受け継がれている。

2023・11・13

このコラムが出た一年後の2024年10月30日、東洋経済新報社はプレスリリースを突然発表し、田北浩章が取締役に選任されないことが明るみにでた。

週刊文春デジタルは、この内幕について、社員向け説明会の議事録も入手したとして、三回にわたって報道をした。週刊文春デジタルの記事は、「クーデター」との社員の匿名コメントを使っており、田北が他の役員から追い落とされたととれるものだった。

これに対して、東洋経済新報社は、〈一部週刊誌による「クーデター」という表現には強い違和感を持っています。事実としては、同日の取締役会において選任議案の内容についてさまざまな観点から議論を行い、取締役会議長である田北の議事進行のもと、取締役の山田徹也を次の代表取締役社長とする選任議案を議決しております〉とのプレスリリースを、出している。

また、このプレスリリースには「なお、一部週刊誌の記事には弊社の社員しか知り得ない内容が含まれておりましたが、こうした内部情報の漏洩は、読者の皆様や広告主をはじめ取引先の皆様の信頼を大きく損なう行為であり」との文句が脅しのようにわざわざそえてあった。

実はこの後、会社四季報オンラインが外部AIの会社と協業をするということを発表していたので、その件について取材をしたいと申し込んだことがあった。四季報オンラインの懇意にしている責任者に申し込んだところ、上司の意向で、駄目ということになってしまった。PRTIMESという広報用の媒体も使ってPRしている案件だったにもかかわらずだ。

２０２３年夏に田北が社長をしていた時代の広報対応とあまりに違っていたので、新しく社長になる山田徹也に、「この上司の判断が、東洋経済新報社の新しい体制を現すものなのでしょうか？」と直接メールをしたが、返事はなかった。

こうした対応は、田北が一年前に私に語ってくれたファナックの対応と同じだ。

２０２４年12月23日、田北に代わって代表取締役社長に就任した山田は、編集局長も経験した編集畑出身。これまでのように東洋経済新報社は外に開いてほしいと思う。そうした姿勢がないと、業績にも跳ね返る。

ちなみに、この東洋経済新報社の執行部の激変についての週刊文春デジタルの記事は、デジタル版オンリーで紙の週刊誌には掲載されていない。このあとも、渡邉恒雄死去の翌週に、週刊文春は、読売新聞グループ本社社長の山口寿一《やまぐちとしかず》の「独占１００分」とうったインタビューを新聞広告で告知したが、紙の週刊誌にはその中身はほんの少ししか掲載されておらず、デジタル版で４回にわたって詳報していた。

こうしたデジタル版の編集の手つきは、現在のデジタル版の編集長によるものだろうが、有料モデルは何かということをよくわかっていると思う。

次の『ハルメク』は、新聞や通信社が編集長の山岡朝子にインタビューして何度もとりあげていた。紙の高齢者向けの月刊誌の部数が、14万部から50万部近くになったということで、新聞にとっての救世主のような秘密があると思ったのだろう。しかし、これらのインタビューや記事を読んでも、なぜ、一度は潰れかかった『ハルメク』がターンアラウンドしたか、さっぱりわからなかった。

取材をしてみてわかったのだが、この『ハルメク』の成功劇は編集だけみていては駄目なのだ。『ハルメク』を出していた会社が、プライベート・エクイティ・ファンドに買われ、ボストン・コンサルティングから野村総研出身のプロ経営者が送り込まれた、そこから見なければわからない。

3 日本で一番売れてる月刊誌『ハルメク』の秘密

日本で一番売れている月刊誌！

紙の定期購読で、14万部の部数を2017年からの6年間で49万5000部に！ということで、シニア女性向けの定期購読月刊誌『ハルメク』の編集長の山岡朝子は、度々新聞社のインタビューをうけている。新聞社や日本新聞協会の講演にも呼ばれる。だから彼女をこのコラムでとりあげることは、いまさらと思ったのだが、これまでの記事を読んでみると、肝心なことが書いていないことがわかった。

「ハルメク」の快進撃は、実は山岡だけを見ていてはわからない。

ハルメクを発行するハルメクホールディングスの前身は、1989年に創業された株式会社「ユーリーグ」。その「ユーリーグ」は、2009年3月に約65億円の負債総額を抱えて、民事再生法の適用を申請している。そこで、この「ユーリーグ」を買収したプライベート・エクイティ・ファンドのJ－STARが、代表取締役社長として送り込んだのが、ボストン・コンサルティング出身の宮澤孝夫だ。

宮澤孝夫という経営者からシニア女性を顧客にしたこの会社の再生劇を見てみると、まったく違う風景が見えてくる。

週刊ダイヤモンドの電子有料版への移行による再生劇でも、経営と編集の両輪がいかに大事かということを書いたが、今回、お届けするのは、編集と経営が両輪になった「ハルメク」の再生劇。

給料遅配、社員から借金。倒産寸前からの再出発

「ハルメク」をメディアの会社と見るのは正確ではない。「ハルメク」を定期購読でとると別に「ハルメクおしゃれ」という通販のカタログ雑誌がついてくる。このカタログには、シニアの女性向けのオリジナルの服や靴が掲載され、読者は電話やネットで注文できるようになっている。

たとえば、2023年4月号の「ハルメクおしゃれ」には、冒頭に「着るだけでなんだか品よく見えるブラウス」という商品が掲載されている。このブラウスは、実は「ハルメク」の読者と、編集部、通販本部が何度もミーティングを重ねて一年にわたってつくりあげたオリジナル商品だ。カタログ雑誌のほうでは、9990円という定価と商品番号とともに、巻末には注文先の「ハルメクお客様センター」の電話番号が大きく掲載されている。

本誌のほうでは、「〝なんだか品がいい〟おしゃれの基本ルール」という特集があり、そのブラウスの着こなしが開発ストーリーとともに紹介されている。

この税込み9990円のブラウスは、7000枚を売るヒット商品となったが、この連携こそが、「ハルメク」の強みだ。

本誌の特集でこのブラウスが紹介されているのは一部で、他のページでは、シニアの女性が品よくみえるシャツワンピースやロングベストなど他のメーカーの商品が自由に紹介されている。つまり編集権は独立している。

ハルメク事業の売上220億円のうち、雑誌の売上は15％にすぎない。67％が通販からの売上になる。しかし、雑誌は、物販をするためのカタログ誌ではない。「ハルメク」の部数は日本ABC協会の考査をうけているので、14万部から49万5千部まで部数が伸びているのは、正真正銘中身が支持をうけているからだ。

この編集と物販の絶妙の連携こそが、「ハルメク」の強さの秘密だ。

しかし、経営が苦しくなったユーリーグの買収のためのデュー・デリジェンスを2008年に宮澤孝夫が行ったときには、この連携はまったくとれていなかった。創業オーナーの感性でつくった服は、億単位の在庫を抱え、創刊からの女性編集長のつくる「いきいき」という定期購読誌は、2006年の38万部をピークに釣瓶落としのように部数が落ち、20万部を切るまでになっていた。社員の給料は遅配となり、それどころか、会社は社員から借金をしながら決済を続けていたが、それでも足りず取引先に振り出した手形が不渡りになった。二度不渡りを出すと倒産ということになる。この段階で、会社は民事再生を申し立て、J－STARが設立したいきいき株式会社に全事業を譲渡した。

２００９年6月、創業オーナーは退任、Ｊ－ＳＴＡＲは宮澤孝夫を代表取締役社長に就任させ再建をまかせる。

まずは物販の部門を改善する

宮澤は、もともと東大で航空工学を修士まで学んだエンジニアだ。卒業後は野村総研に就職するが、この時、上司に勧められて読んだある本に衝撃をうける。

大前研一の『企業参謀』だった。『企業参謀』は大前がマッキンゼーにいた時代に書いた専門書だが、この本から、本質を見ることの大切さを教わった。

宮澤はこの会社の本質は、「物販と編集の連携だ」とすぐに見抜いた。しかし、編集のほうは、自分は門外漢だから、すぐには雑誌の売り上げは改善できない。まず物販についてなぜ、赤字なのかを洗い出した。

そうすると前のオーナーの経営の仕方は、原価率をまったく考えない感性の商品づくりにたよるものだったとわかった。通常のアパレルの場合仕入れは40パーセントだ。しかし、前オーナーは、50パーセントや、60パーセントの原価でもかまわず値付けをしていた。そのかわりに、１００冊「いきいき」を仕入れ先に定期購読してもらうといったやりかただ。

原価率をコントロールし、適正な注文と在庫数にする、これだけでまず物販の部門の収益が改善し、２０１０年には会社は黒字化する。

次は雑誌部門だった。創刊編集長にかえて、朝日新聞出版から新聞記者出身の女性編集長を起用した。が、これはうまくいかなかった。

部数は伸びず、それどころかずるずると後退をし、気がつけば15万部を切り、物販もおちこんで、会社の経営は再び悪化した。

なぜこの企画をやらないのか、と尋ねても「いきいきらしくない」と一刀両断にされた。

そのころ、宮澤は、主婦と生活社で数々の雑誌を再建してきた山岡朝子に、ヘッドハンターの紹介で出会うことになる。このときまでに、新編集長の候補は山岡ともう一人までに絞られていた。二人の候補者に「どうすれば雑誌を再建できるか？」をテーマにプレゼンをさせ、決めることにした。

２０１７年2月28日、最終面接は社内でも極秘にするため学士会館でおこなわれた。

面接官は社長の宮澤他、通販部門の責任者など5名。

ここで山岡は、カタログ雑誌と「いきいき」が一緒に送付されているにもかかわらず、連携がとれていないと指摘をし、両者が有機的にむすびつく単なる雑誌のコンテンツを超えた改革案を提案する。

その日のうちに採用がきまり、山岡は「ハルメク」と社名そして誌名の変わった現在の会社に2017年7月に入社をする。一カ月ほどの引き継ぎ期間ののちに編集長に就任するが、編集部員は落下傘でおりてきた山岡にけっしてやさしくはなかった。

「売らんかな」のどこが悪いのか?

主婦と生活社からハルメクに移籍した山岡朝子は、編集者とは「創ると売るの両輪を回すこと」だと考えていた。主婦と生活社時代には、日本国内のビジネス・スクールに通いMBAを取得したりもしている。

その山岡は移籍したハルメクで前編集長の最後の号の雑誌づくりを注意深く見ることになった。

これは、面接のために過去のバックナンバーをみていて感じたことでもあったが、「病気」の企画が多いのが気になった。他にも介護や年金など、確かに高齢者の雑誌だが、60代、70代といえども今はみな若い。ヘアやファッション、料理や恋愛などにむしろ興味があるのではないか?

編集長が「高齢者は情報弱者ではない。うちは問題提起をして読者に考えさせる」と言

ハルメクでの全社集会で。山岡朝子（左）は、「ハルメク」各号ごとの獲得読者数、維持率を報告、全社に共有される。右は社長の宮澤孝夫（写真：朝日新聞出版）

っているのにも違和感を感じた。実際に企画会議でも、こういう運動があり社会的意義があるのでぜひとりあげたい、といった企画が次々に出されていた。

会社では以前から一般のシニア女性を毎回違う顔ぶれで呼んで、新聞広告の案についての感想を聞くという「座談会」というのが行われていた。

しかし、ここに編集部門からは誰も出席していないのだった。出席しているのは主催しているマーケティング部の人間だけ。

山岡は、編集部員に「行ってみない？」と誘ってみたが、「ああいうのは、行っても意味がない」と冷淡だった。そのかわり編集部では、有識者に雑誌を読ませて感想を聞く〝有識者会議〟なるものを開いているのだということだった。前編集長は、マーケティング部の介入をいやがっていた。

山岡は「座談会」の方に編集部門からは一人出てみて、これは企画の宝庫だと感じた。参加しているのは、ハルメクをまだ購読していない潜在読者の50歳以上の女性だ。

毎回違うメンバーがアウトソースしている会社から選ばれてくる。定期購読誌というのは書店売りをしていない。つまり実物を読者がみて買うというものではない。新聞広告がすべてだ。その新聞広告をA案、B案と見せていくのだが、当然その中でどういう企画なのかということを説明する。そうすると、さまざまな反応がある。そこをつかまえて企画のヒントにできる。

また、ハルメクは物販の他にコミュニティ部門というのがあり、旅行なども企画販売している。そこで伊豆の河津桜を見る旅というのがあったので、参加をしてみた。特別列車に乗って河津桜を見ながらお弁当を食べる。

このときシニアの女性の間で話題になっていたのは羽生結弦の試合の結果だった。「どうなったのかな」。スマホを持っているのに、それをなんで調べないのか不思議だったが、ちょっと話をしてみて理解した。そもそもスマホの使い方がよくわかっていないのだった。

「スマホの使い方」はハルメクの定番のヒット企画となって定着する。

こうして「シニア女性の悩みを聞いてそれを解決する」というコンセプトのもとに誌面

の企画をやっているうちに、年間5万部を上回るペースで部数も上昇していった。それにつれて編集部の空気も山岡を信頼するものに変わっていく。

山岡は新聞社で行われているような有識者会議なるものをすぐにやめた。「座談会」には編集部員が競ってでるようになる。

マネージメント・バイアウト

社長の宮澤は山岡にこんなことを聞くようになっていた。

「君は生涯一編集者になるつもりなのか。それともこのあと経営のほうに興味があるのか?」

そして2020年のある日、山岡は7階にある社長室に呼ばれ仰天するような提案を宮澤から受けるのだ。

J－STARは、2012年に会社をノーリツ鋼機に売っていた。ノーリツ鋼機はもともとはフィルム写真の周辺機器をつくっていた会社だが、フィルム市場の縮小とともに新規事業を探して「ハルメク」の前身の会社を買ったのだが、事業の重点を移すため、「ハルメク」を売りたいのだという。

「次にどんなオーナーがくるかわからない。私たちで会社を買おうと思う。マネージメント・バイアウトだ」

宮澤によれば、2009年にこの会社に移ってきてから二人三脚でやってきた元SMBC日興証券の土屋淳一と数人のエンジェル投資家で、会社を買うというのだ。その後、上場して資金を回収し、投資を拡大することをもくろんでいるという。

そこで相談なのだという。

「今、投資家がハルメクという会社に投資をするということは、山岡がいればこそだ。山岡がいずれいなくなる可能性があるとなっては、投資を呼び込めない。山岡も株を何パーセントか買って株主になってくれないか」

一株100円。山岡は自分の出せる資金2400万円を投じて24万株を買うことを決意する。株全体の3パーセントにあたる。宮澤は、約244万株を銀行借入などで取得し、筆頭株主になった。その10カ月後の2021年6月に山岡は取締役に昇進する。

ハルメクホールディングスは、2023年3月に東京証券取引所グロース市場に上場した。公募価格は1720円。初値は1900円を超えた。

上場をしたのは、規模が拡大しているためにシステム投資に資金を必要としていることもあった。また、新聞社は、紙の定期購読で部数が上向いているということで、せっせと山岡を研修会に招いているのだが、会社としては、あと10年もすれば市場はまた大きく変わると考えている。現在の50歳は社会に出たときにウィンドウズ95が発売になっている。シニア女性ということで、現在は紙で読者をとっているが、いずれウエブにうつっていくだろう。そのために、デジタル有料版である「ハルメク３６５」を始めている。これに対する投資も必要だ。

山岡は、新聞社に呼ばれて話をすることはありがたいことだと考えている。しかし時々、本当にこの人たちは変わろうという気があるのか、と疑問に思うこともあるそうだ。

ハルメクの再生劇は、実はメディアの買収が可能だということから始まっている。オーナーが創業したシニア女性向けの通販と雑誌の会社を、ファンドが買収したところから、大きく変わることができ、最終的には、自分たちの会社として独立することができた。

日本の新聞社の場合、日刊新聞法という法律があって、株式の譲渡を定款によって制限できることから、買収がきわめて難しい。

言論の自由を守るためと導入された規制だが、しかし、それが、ずっと同じタイプの人たちがメディアを経営するということになり、変化を阻んでいる。

そういったところから根本的に考えることでしか、「ハルメク」の事例は、いくら話を聞いても参考にはならない。

2023　10・2、10・16

このコラムの最後に、日本の新聞社は日刊新聞法という商法の適用除外ともいえる法律があるために、買収が不可能なことが、組織を同質化させて変化に対応できない原因となっていることを指摘している。これは、新聞社に株で系列支配されるテレビ局も同様で買収は不可能だ。2000年代のライブドア事件や楽天によるTBS買収の試みをへて、テレビ局に対する買収の規制がさらに厳しくなった。

横並びの護送船団で、新規参入を排除しつつ、業界全体が年々大きくなっていった。が、この横並びの護送船団は、インターネットという技術革新によって、大きく崩れようとしている。

それを象徴するのが、2023年にはじけたジャニーズ事件だ、ということを書いたのが次のコラム。これまで紹介した出版社や次で紹介する文藝春秋は、そもそもこの護送船団の外にある独立したメディアだ。

4　ジャニーズ問題、勇者は語らず

一億総ジャニーズ問題評論家時代ともいえるべき状況だが、現在議論されていることは、実は1999年10月から週刊文春で始まった全14回のキャンペーン報道で、ほとんど全てすでに指摘されている。

と、いうことに気がついたのは、この14回の週刊文春の記事と、東京高裁でジャニー喜多川の少年たちへの性加害について事実認定する判決がでた直後の2ページの記事（2003年7月31日号）を改めて読んでみたからだ。

というのは、日本記者クラブ会報の今年の7月10日号に日本テレビの社会部長がこの週刊文春の一連の報道について、

〈文春の記事自体も今では「差別語」でしかない文言が踊るもので、残念ながら当時、日本テレビを含む多くのメディアで、ニュースとして扱う議論の俎上にも上らなかったと想像する〉

とばっさり切り捨て、

〈メディア自身が「自分たちが報じていれば世の中を変えられた」とか「自分たちの手で時代の価値観を変えよう」とまで意気込むのは、傲慢で危険ではないか〉

とテレビの報道局がこの問題について報道しないことについて、正当化するかのような原稿を書いていたからだ。

日テレ社会部長は、文春報道を差別語が踊るとくさすが

この原稿を読んだ多くの人は、〈「差別語」でしかない文言が踊るもの〉と言われれば、週刊文春が当時、どんなひどい報道をしたかと思うだろう。

当時、文藝春秋にいた私も、この記事の記憶はおぼろげだった。どんな差別語があったのだろう、と疑問に思って、文春の資料室で元の記事を確認したのだ。

すると拍子抜けした。日テレの社会部長氏は、キャンペーン中登場する「ホモ・セクハラ」という言葉について言っているらしかった。

しかし、このキャンペーンがあったのは99年から2000年だ。当時は、「認知症」を「痴呆症」と言っていたのと同じように、「ホモセクシュアル」について「ホモ」という言葉を使っていた。書き手に差別意識があったわけではない。

実際、記事中にジャニーズOBのコメントを引用する形できちんとこう断っている。〈間違って欲しくないのは、ジャニーさんが同性愛者だということが問題なのではない。抵抗もできない少年に無理に行為を強いていることが問われているんです〉

そして週刊文春がこの問題をとりあげるのは、興味本位な理由からではなく、〈ジャニー喜多川氏の行為が法令違反に問われるような反社会的なものだからである〉としていた。喜多川氏の行為は、〈金品、職務、役務その他財産上の利益を対償として供与し、又は供与することを約束して性交又は性交類似行為を行ってはならない〉とする条例に違反しているからだとキャンペーン中何度も強調していた。

連載の三回目には12歳の少年が、ジャニー喜多川に性的暴行をうけたケースをとりあげている。この被害は、13歳未満の男女に対してわいせつな行為を働いたという〈刑法の強制わいせつ罪に問われる〝犯罪〟である〉と明確にしたのである。

それに対してジャニーズ事務所側は事実無根と提訴したが、高裁で「一審原告喜多川が、少年達が逆らえばステージの立ち位置が悪くなったりデビューできなくなるという抗拒不能な状態にあるのに乗じ、セクハラ行為をしているとの本件記事（中略）は、その重要な部分について真実であることの証明があった」と断じられ、この判決が確定したというわけだ。

書かれたものが全てだ

キャンペーンでは現在さかんに論じられている「メディアの沈黙」についても何度も指摘している。芸能レポーターの梨元勝のコメントをこう引用している。

〈文春で報じていることは、テレビ局の報道で取り上げていいことだと思うんです。しかし、ジャニーズといえば、ドラマや音楽をつくる制作部門からクレームがつく〉

今回〝ジャニーズ崩れ〟とも言うべき状況になったのはBBCが3月に週刊文春の報道をもとに番組をつくり、スポンサーがジャニーズ出演の番組から降り始めたからだが、週刊文春は当時、木村拓哉をCMに起用したジーンズメーカーのリーバイスのアメリカ本社に一連のキャンペーンを説明したうえで意見を求めている。

そして実は当時、ニューヨーク・タイムズがこの文春報道をとりあげているのだ。

記事を書いたのは、当時の東京特派員であるカルビン・シムズ。彼へのインタビューがキャンペーンの最終回だった。シムズの記事は、日本のメディアがこの問題をまったくとりあげていないことに焦点を絞っていたが、その理由を「ジャニーズ事務所をめぐる問題は、性的虐待疑惑であると同時に、日本のメディア状況の問題でもある。そういう意味でも、取り上げる価値があると思った」と語っているのだ。

にもかかわらず、日本テレビを始めとするテレビ・新聞はまったく無視。それが23年後なぜこのような状況になったのだろうか。

ここからは、私の分析。

当時は、ネットフリックスもアマゾンＴＶもなかった。人々が娯楽を得ようとすれば、日本の新聞社の系列であるテレビ局の番組からしか得ようがなかったのだ。新聞社と系列のテレビ局、そしてそれにスターを手配している芸能事務所、これらが握ってしまえば、数えきれないほどの未成年への性的虐待も「なかった」ことにしてしまえたということだ。

それが人々の情報をえる手段が地上波からネットにかわっていったことによって、この鉄のトライアングルが崩れた。たとえば、ＢＴＳのようにグローバルに活躍しようと思えば、ハーベイ・ワインスタインよりひどい性的虐待者が経営をする事務所からでは難しい。

企業もそのような事務所のスターが登場する番組にお金を払うことはできない。これがこの20年の間に進んだ構造変化だ。

日本テレビは10月４日、ジャニーズ問題に関する検証番組を放送した。出演した田中東《とう》子《こ》東京大学教授は、「テレビ局で決定権を持つ人の中に男性が多かったことが、性暴力に対してたいしたことがない、ささいなことだという判断になったのではないか」と語っていたが、くだんの社会部長は女性である。

これは男女関係なく、日本の新聞・テレビという閉鎖空間ゆえの文化が原因だと私は考えている。

番組は、キャスターが「私たちは性加害など重大な人権侵害について沈黙することなくしっかり報道していきます」と宣言して終わっているので、ぜひそうしてほしい。この原稿についても、いたずらにいきりたつことなく冷静にうけとめて前に進んでほしいと思う。

ニューヨーク・タイムズやニューヨーカーが報じたハーベイ・ワインスタインの性的暴力にしても、週刊文春のジャニーズ問題にしても、最初に報道をするのは、訴訟リスクもありさまざまな困難をともなう。他の記者たちも記者会見に出ていたずらに騒ぐのでなく、自らそうした記者会見を開かせるような報道をやってほしいと思う。

ちなみに、端緒となった少年の相談にのり14週にわたってキャンペーンを取材・執筆した文藝春秋の社員は、後に週刊文春や文藝春秋の編集長を歴任した島田真《まこと》。現在は執行役員の職にあるが、この騒動で何社からも取材申し込みがあったが断っている。その理由は「最初のキャンペーンに全てが書かれてあるから」だそうだ。

勇者は語らず。

2023 10・30

２０２４年12月25日に週刊文春が報じたフジテレビの醜聞が、フジの存立にかかわる事態になぜ拡大していったのか、ということもこのコラムの趣旨で説明ができる。

かりに99年から２０００年に同様の事件が報道をされたとしても、インターネットという技術革新の波がまだ及んでいないテレビの力は圧倒的につよく、女性へのひどい人権侵害も「なかった」ことにされただろう。

が、今は２０２５年である。

私は90年代後半から２０００年代に日本の金融業や日本航空でおこったことが、今放送の世界でもおころうとしているのだと考えている。

たとえば、かつて日本の金融業は、政府系３行から13行あった都銀そして信用組合にいたるまで、大蔵省が、出店の規制や、貸し出し利率の規制などによって、ひとつたりとも潰さないという統制経済の下におかれていた。

それがバブルの崩壊で無理になると、規制下で行われていた銀行の大蔵官僚への性的接待などが雑誌によって暴露され、粉飾決算や特別背任などの容疑で多くの金融機関の経営幹部が逮捕される事態になる。

日本の金融業を守っていた規制は、90年代後半から2000年代にかけて行われた規制の撤廃「金融ビッグバン」によってなくなり、かつて13行あった都銀も再編、日本の金融業はほぼ三つにまで集約される事態になる。

またナショナルフラッグキャリアであった日本航空も、政官業との癒着による航空行政のなか放漫経営が続き、2010年1月に、2兆3000億円という事業会社としては戦後最大の負債を抱えて、会社更生法の適用を申請し、事実上倒産という事態になる。

日本航空は、京セラの稲盛和夫が、同年2月に会長として乗り込み、旧経営陣は一掃され、グループ全体で4万8000人いた従業員も、3分の1にあたる1万6000人が退職することになる。

放送業も、電波という有限の資源を免許によって各放送局にわりあてているわけで、究極の参入障壁があるなかで経営が腐敗し、元ジャニーズ事務所のタレントに、女性がひどい人権侵害をうけたと訴えても見て見ぬふりをするという信じがたい行為がフジテレビでは行われていたということになる。

泣きながら「大好きな会社」「好きな会社をもっと良くするためにも」と放送で訴えた男性アナがいたが、私はフジテレビが現在の形で残ることはない、と考えている。

金融業や日本航空で社員たちが、破綻後にくぐりぬけた厳しい試練をフジの社員も味わうことになるだろう。

さて、日本では、週刊文春のような「前に出る」調査報道は珍しいわけだが、欧米では、それなくしてはメディアは持続可能にならないという意識が徹底している。

日本経済新聞が買収したフィナンシャル・タイムズも、親会社だったらば、けっしてやらないようなスキャンダル報道もやる。

世界一位の広告代理店のＣＥＯが会社の経費をつかって買春をしていた、というような話もやるのだ。

次章では、フィナンシャル・タイムズやニューヨーカー、英エコノミスト、ワシントン・ポストといった海外メディアのそれぞれがなぜ「持続可能」になっているのか、その要因を具体例とともに紹介していこう。

第3章

海外の持続可能メディアを見る

1 フィナンシャル・タイムズとスキャンダリズム

フィナンシャル・タイムズ（FT）紙のブリュッセル支局は、FT紙の中で、ワシントン支局と並ぶ大きな規模の支局だ。

といっても、支局の人数は七人ほど。この七人が、国際機関の集まるこの都市で、精力的に取材を続ける。

2011年8月から2019年8月まで8年あまりにわたってこのブリュッセル支局にいたアレックス・バーカー（現グローバル・メディア・エディター）は、ブリュッセルほどFT紙がFT紙らしさを発揮できる支局はない、と考えている。

ブリュッセルにはEUやNATOの本部があり、世界中の新聞社が支局をもっている。それぞれの新聞は、それが発行される国を背景にして記事を書く。たとえば、日本経済新聞の社説の中で、「日本の国益」という言葉を使っている記事を検索してみると、2022年だけでも8件の社説が見つかる。

ところが、FT紙は違うのだ。英国で発行されているこの新聞は、英エコノミスト誌と同様に、グローバルに読者も持っている。

「だからFT紙は、英国のレンズで欧州を見るということはしていないのです」（アレックス・バーカー）

日本経済新聞が2015年に買収したFT紙のメディア担当記者アレックス・バーカーとのインタビューから考える「FT紙の流儀」。

国益で物事を見ない

アレックスが、ブリュッセルに赴任をしてきた2011年は欧州危機たけなわの年だった。国家が破産の危機に瀕するというギリシャ危機がまずおこり、それはキプロス、アイルランドとつづき、ポルトガル、イタリアも債務危機でその瀬戸際までおいつめられた。ドイツやフランスの新聞社もこれらの危機をカバーした。しかし、これらの国の新聞社は、自国にとっての国益という観点から常に物事を見ていた。ところが、FT紙は違ったのだという。

「われわれは、国家と企業社会の間の関係性を取材するのです。それは、ビジネスをしている人たちにとってとても重要な情報になります。そしてブリュッセルほど欧州において、国家と企業の関係性を取材するのに適した都市はない」

英国の国益という立場から物事を考えないのは、英国がEUを離脱することになったブレグジットの報道でも同様だった。アレックスはそうした視点を、「Helicopter View」と表現した。ヘリコプターが上空から眺めるように、俯瞰して物事をとらえる。けっして、英国の側から物事を見ない、という意味だ。

「英国政府は、FT紙は反英国のスタンスをとっていると考えていましたが、それは違うのです。ブレグジットはFT史上、最もチャレンジングな出来事でした。EUと英国、どちらが得をするのか。われわれは、EUがその果実を交渉ではとると報道したのです」

国内市場が狭いゆえにグローバルなメディアとなった

米国の新聞社とFT紙の姿勢を比較すると面白い。

アレックスをインタビューした前の週に、上智の授業でペンタゴン・ペーパーズをとりあげている。これは、ベトナム戦争当時のアメリカ政府が行った極秘調査で、この調査によれば、ベトナムでアメリカは実は敗北を続けている、つまり介入をすることが間違いということがわかる調査だった。これをニューヨーク・タイムズとワシントン・ポストが入手し、報道をした。合衆国政府はこの報道は、「国家安全保障上の機密」にふれ、国益を損なうとして、出版を差し止めたが、最高裁まで争われたこの事件は、新聞の側の勝利に終わり、差し止めは不当とされた。

この裁判で問われたのは、アメリカの国益と報道の自由のバランスの問題だった。

上智の授業では、「この問題は、すでに日本でも起こっている。ずばり台湾有事だ」として、経済安全保障推進法が成立する過程でも同様の問題があったはずと指摘した。

ところが、アレックスが教えてくれたのは、ＦＴ紙はそもそも最初から英国の国益を超越しているということだった。その理由は、主な読者が、投資家や企業などで経済活動をいとなむ人々となっているからだ。その国家的背景は多様だ。

もともとイギリスは、国内市場がそれほど大きくはない。しかし、英語というグローバルな言語の発祥地である。だからこそＦＴ紙や英エコノミストそしてロイターは真の意味でグローバルなメディアに成長していったのである。

日経はＦＴ紙を買収したことで、その紙面の内容が大きく変わった。何よりも「時間経過に耐えうる」コンテンツへの脱皮を果たしたと私は考えている。

日経電子版に夕方６時に流されるイブニングスクープは「スクープ」と言いながら、実は数カ月後読んでも古びない、背景をえぐり取って読ませる記事が多い。

これは、雑報は通信社にまかせて、その記者でなければ持ち得ない視点で書く記事を載せてきたFT紙から学んだのだろう。

しかし、アレックス・バーカーの過去の記事を読んでみて、今の日経にはないもうひとつのジャーナリズムで重要な資質を、FT紙は持っていることに気がついた。

それは「スキャンダリズム」である。

電通の三倍の売上をもつWPPという世界最大の広告代理店の創業者が、メイフェアの売春宿に通っていた、ということもFT紙は暴露したりしているのだ。

FT紙のスキャンダリズム

フィナンシャル・タイムズ（FT）の名物企画に、「Lunch with the FT（FTと昼食を）」がある。FTのジャーナリストが、ビジネスや文化、科学などの分野の著名人と昼食をとりながら、インタビューをする。何を食べたか値段も載せて毎週土曜日に掲載されている。

スーパーマーケットの籠をつくっていたメーカーだったWPPを世界最大の広告代理店に育て上げたマーティン・ソレルとFT紙のグローバル・メディア・エディターのアレッ

クス・バーカーが、リバーカフェというテムズ川のほとりにあるイタリア料理店でランチをとったのは、２０２０年12月10日のことだ。アレックスの記事はこう始まる。

〈バイ菌野郎、嘘つき、そしてＦＴ紙のつらよごし。マーティン・ソレルは、私のことをこう呼んだ。ところが数日後、そのソレルが私をランチに招待してくれたのだ。

えっ？　まじ？　なんかの間違いじゃない？〉

マーティン・ソレルが、アレックスのことを「バイ菌野郎」と痛罵したのには理由がある。ＦＴ紙は、その2年前に、ソレルがＷＰＰを去る原因になった経費の私的利用とパワハラについての調査を、ＷＰＰの内部情報をもとに詳報したのだった。

記事は容赦のないもので、15年にわたってソレルの運転手を務めていた男性が、突然解雇を言い渡された件に始まり、妻との旅行を会社の経費でまかなっているとの指摘（27万4000ポンドの妻の旅費が会社経費としてつけられていた）、ＷＰＰの年次総会の前の晩、メイフェアにある売春の店（50A Shepherd Marketの住所を記事には銘記）に入ったこと、その買春に会社の金を使ったのではないかという疑惑、等々が内部で調査され、それがひきがねになってソレルは、ＷＰＰをやめることになった、とする記事だった。

この記事は他の二人の記者が書いたものだったが、ソレルと一緒に働いた25人以上の人物に取材をしていた（ソレルはすべての指摘について否定している）。

ＦＴ紙には日経にない、もうひとつジャーナリズムにとって重要な資質、「スキャンダリズム」があると書いたが、この記事はその証左だ。

アレックスの「Lunch with the FT（ＦＴと昼食を）」でも、その健全なスキャンダリズムは充分に発揮されている。

マーティン・ソレルは、ＷＰＰをやめたあと、デジタル広告の会社を興し、コロナ禍のなか成功していた。

前菜やメインの際には、こうしたビジネス上の成功についてアレックスは聞いているが、プディングが注文される段になると、厳しい質問をくりだしていく。ＷＰＰをやめる理由のひとつとされたソレルのパワハラについて。

あなたのことを恐怖に思っていた人々がいることを知ってましたか？

「そんなのは神話だ！」

そして経費の問題。60万ドルとも言われた疑惑の出費について、いくらかでもＷＰＰに返却したのか？

「ＮＯ　ｎｏ　ｎｏ」

買春についてもアレックスはこう畳みかけた。

「50A Shepherd Marketを実際に訪ねたのか？」

アレックス・バーカー。2022年11月半ばに、日本のメディアについて調査するために来日。上智大学近くの焼鳥屋「ただ野」で。

「売春婦を訪ねるのは、CEOとしての過ちになるのか？」

それに対してソレルはこう答えたことになっている。

「会社は、きちんと調査をし、その結果は君も見ている。私は、跡を濁さず社を離れた」

WPPの調査では、経費やその他の疑惑について立証するだけの証拠はない、と結論づけていた。

日経では見られないソースに対しても容赦ない報道

アレックス・バーカーは、この他にもディズニーや、マードック率いるニューズ・コーポレーションなどの記事を書いているが、調査したことに関しては、容赦なく書いている。たとえばコロナ禍で半分の従業員が無給の休暇という状態で苦しんでいる中、経営陣の報酬がまったく下がっていないことについて書いた2020年4月27日の記事では、それに対する広報の冷酷なコメントをそのまま載せている。「上場会社や善管注意義務の定義をあなたは、よく調べなければならない」

こうしたニュースソースに対しても遠慮のない報道は、日経にはないだろう。

アレックスのFTへの入社は、2005年9月。2年間の研修の後、正社員に採用され

River Café, London

Thames Wharf, Rainville Road, London W6

Pizzetta with white truffles £45

Carne cruda di vitello £25

Calamari ai ferri £24

Turbot trache with capers and lemon £45

Scallops seared with red wine and anchovy £42

Lemon tart £14

Tiramisu £14

Aperol sour x2 £28

Pinot bianco x2 £22

Double espresso x2 £9

TOTAL (inc service): **£303.50**

ただ野　東京四谷

東京都新宿区四谷1丁目18

お通し
サラダ
胸肉
レバー
もも味噌
うずら卵
つくね
スープ
おしんこ
そぼろご飯
×2　7000円

風が吹く 2杯×2　3600円

合計（サービス料・税込み）
10600円

フィナンシャル・タイムズ紙の日曜版に掲載される「Lunch with the FT（ＦＴと昼食を）」では、食事のレシートが掲載される。リバー・カフェ・ロンドンのレシートは、マーティン・ソレルの回のもの。「Sake with Shimoyama」もそれにならって領収書明細を掲載。

た。現在はグローバル・メディア・エディターとして、メディア全般について書くとともに、デスクの仕事もしている。昨年（２０２１年）は、部下の女性記者とともに、ポルノ産業の歴史とファイナンスについて半年間調査をし、それを、ポッドキャストの８本、計３２０分の番組にまとめている。

２０２２年11月中旬に、日本のメディアの予備調査のために来日して、私に取材をしたことで知り合った。上智大学近くの焼鳥屋で、日本酒を傾けたが、「Sake with Shimoyama」の企画として私も少々厳しい質問を——。

「日経についても同様に厳しく書くこともあるのか？」

これについてはあっさりと「ない」と。

「英国の新聞は、自社のことについては書かない。ＦＴもＦＴ紙自身のことについては、書いてこなかった。これは日本経済新聞がＦＴを買収する前から、そうだった」

それも「ＦＴの流儀」なのだそうだ。

2022　12・6、12・13

2
名翻訳者はこの雑誌を読む　『ニューヨーカー』の秘密

翻訳家の青木薫さんの青森の家にお邪魔したのは、2006年の冬のことだったと思う。空港からの道には雪がふりつもり、しんしんと底冷えのする日だった。居間で温かい紅茶をご馳走になったのだが、ふとラックの横を見ると、そのとき飲んだ紅茶のような温かみのあるイラストが表紙の雑誌が、山積みにしてあった。

ニューヨーカーだった。

ああ、ニューヨーカー。ニューヨーカーは、自分にとっては憧れの雑誌だ。

たとえば、トルーマン・カポーティが、カンザスの寒村で発生した一家四人殺しにのめりこみ、現地への取材行の費用の無心を、ニューヨーカーの編集者にする。フィリップ・シーモア・ホフマンが演じた映画『カポーティ』では、この時カポーティはこう言ったことになっている。

「10年に一度のノンフィクションだ！（Nonfiction of a decade!）」

このときカポーティは、逮捕された犯人と面会、文通を続け、その死刑執行までを見届ける。雑誌への掲載は、事件発生から6年後の1965年。「冷血」と後にタイトルをつけられるその作品は、犯人の生い立ちや内面を、カポーティ自身の幼少時代からの生い立ちに重ねるように書き、ノンフィクションの新しい時代を開いた。

あるいは、哲学者ハンナ・アーレントの、アイヒマン裁判の傍聴記（1963年2月16日～3月16日の5週にわたって連載）。ナチスの迫害を逃れアメリカに亡命したアーレントは、アイヒマンをイスラエルが裁判で望んだような「悪の権化」として描くことをせず、「凡庸な官僚」として描くことで、ニューヨーカー自体もユダヤ人から、猛烈な批判をうける。これも映画『ハンナ・アーレント』で、ニューヨーカーの編集長が、読者からの殺到する電話と、不買運動に動揺しつつも、連載を続ける様が描かれている。

直近では、ハリウッドの実力者だったプロデューサー、ハーヴェイ・ワインスタインの女優に対する性的暴力を、被害者となった女性が初めて実名で告発する長文の記事をニューヨーク・タイムズとほぼ同着で報道している（2017年10月10日号）。

「青木さんこれ全部読んでるんですか？」

当時、私は毎週アメリカから送ってくる雑誌をきれいにとってある青木さんに感動しながら聞いたものだった。

青木薫さんは、『フェルマーの最終定理』（サイモン・シン）という数学それ自体をノンフィクションにした作品を訳しており、翻訳の編集長になったばかりの私は、青木さんを訳者としてサイエンスの本をなんとしてでも出したいと、青森のお宅を訪ねたのだった。

「面白いと思うものだけ読んでるんですわー」

そう謙遜する青木さんだが、博士号取得後アメリカにいた1985年当時から、ニューヨーカーは定期購読していたのだという。当時、二人目の子供が生まれて、研究を続けることの困難を感じ、翻訳家にでもなろうかと思っていた時だったという。そうした時に、すでに翻訳家になっていた先輩から「タイムとニューズウィークを読め」と言われて、ちょっと読んだが、まったく面白くなかったそうだ。

サンフランシスコにあった紀伊國屋書店で常盤新平の『アメリカが見える窓』を買った時、ニューヨーカーという雑誌があることを知った。が、常盤新平はどちらかというとニューヨーカーを文芸誌として紹介していた。実際に、雑誌を手にとってみると、ノンフィクションとくにサイエンスのノンフィクションで優れたものが発表されていて、むさぼるように読んだという。

「以来ずっと定期購読しているんです」

翻訳をただ言葉を移しかえている単純作業と考えている人は多いが、それは違う。優れた翻訳というのは、英語を美しい日本語におきかえ、しかもその訳者ならではの香りがあるものだ。青木さんとは、その後『完全なる証明』（マーシャ・ガッセン）や『宇宙が始まる前には何があったのか？』（ローレンス・クラウス）などの本で一緒に仕事をすることになるが、トポロジーなどの数学、宇宙物理学を理解しつつ、『完全なる証明』であれば、始まりのシーンの文学的な香りを日本語におきかえるその才能は、ニューヨーカーという時間の経過に耐えうるノンフィクションや小説を出し続けている雑誌を英語でずっと読んでいる、ということからも培われていったのだろう。

私は、英エコノミストやニューヨーク・タイムズ、ワシントン・ポストなどは定期購読していたが、ニューヨーカーはまだだった。今回、青木さんと話をして、定期購読を申し込んだ。12月6日号の目玉は、リビアの軍閥が支配する強制収容所のルポ。デジタル版では、動画やチャートを交えて紙版とは違う表現をとっている。

調査報道もあれば、歴史物もあり、科学も扱い、村上春樹などの小説も掲載する。日本で言うと月刊『文藝春秋』がそれに近いだろうが、ニューヨーカーの場合は週刊だ。そして科学のノンフィクションにも力をいれている（文藝春秋にはそれがない）。紙とデジタルをあわせた契約者数は現在130万人ほどだ。

青木さんは、笑いながら「私、村上春樹の短編はずーっとニューヨーカーで読んでいる」と話してくれた。今度私が定期購読を始めたのは紙とデジタルのバンドルだから、村上春樹と検索すると、ぽんと「品川猿」の話がでてきた。
ひなびた温泉宿の温泉で、名前を盗む品川出身の猿と出会う話も、英語で読めるのです。

2021・12・13

3 英『エコノミスト』は主観を打ち出す

英エコノミストは、ニューズウィーク、タイムなど週刊誌が全世界的に破壊的な縮小にみまわれている中、部数を伸ばし続けている唯一の週刊誌だ。インターネット前の1984年には25万部だった部数は、デジタル有料版の成功によってグローバルに伸び続け最新の2024年の契約者数は122万になっている。

その英エコノミスト誌のエグゼクティブ・エディターのダニエル・フランクリンが一年ぶりに上智の私の授業「2050年のメディア」に帰ってきた。

今ではすっかり私たちの生活のツールとなったＺｏｏｍでの参加だ。ロンドンは朝8時20分。こちらは夕方の5時20分。

毎年、ダニエルは、エコノミストの歴代のカバーを見せながら、この雑誌がいかにユニークで特別かを説明する。

たとえば蝶ネクタイを結んだ二人の男性の人形が手をつないでいる上に「Let them wed（結婚させよう）」の文字が躍る１９９６年1月6日号のカバー。あるいはろうそくが消えかかっているイラストに、「The right to die（死ぬ権利）」の文字が躍り、「なぜ、自殺幇助は合法化すべきか」と続く２０１５年6月27日号のカバー。

日本の新聞が客観報道という立場から、どちらに賛成かをはっきり表明しないような問題に、早くから切り込み、自分たちはこう考えるのだということを前面に出していることを学生は学ぶ。

学生からはこんな質問も出る。

「同性婚や死ぬ権利のように難しい問題は、多様な意見があると思う。どうやってその多様性を担保しながら、ひとつの結論に持っていっているのか？」

ダニエルが「とてもいい質問」とうけて、力を込めて説明をする。

エコノミストは、毎週月曜日と木曜日に大きな編集会議がある。その週のテーマを決める月曜の会議で、意見の分かれる社会的な問題を扱うことが決まっている場合には、あらゆる意見をその会議で出すことが求められる。というより、自然とそうなる。今は、Zoomにより北京やワシントン、ニューデリーなどの世界各地の特派員も参加するから、それぞれの国ではどうなのか、という議論も出る。

「反対意見を言ってもらうことで、よりカバーストーリーのアングルはシャープで説得力のあるものになる。議論は記事を強くする」

「多くの意見を聞いたあとで、担当の編集者がひとつのラインにそってカバーストーリーをまとめていく」

「エコノミストは、大きなイシューについて、早い段階で、目に見える形ではっきり雑誌のスタンスを出すようにしている」

「こうした大きなトレンドを目に見える形にするようなカバーストーリーを、私たちはビッグアイデアと呼んでいる。それを他に先駆けて目に見える形にする」

木曜日の会議は、その週の記事を振り返る反省会と、次週以降の大きな問題についてブレーンストーミングをする会議だという。

このようにして、学生は、なぜ、世界中の週刊誌が部数を激減させているなかで、エコノミスト誌だけが増やしているのかを学ぶ。かつてタイムやニューズウィークは、報道はするが、分析や自分たちの意見を出すということはしていなかった。

そうした時間の経過に耐えうることのできない記事をのせている媒体は、紙とともに急激に世界にその存在場所を見いだせなくなっている。

「エコノミスト誌は2021年には、紙だけの定期購読というプランをやめている。新しくエコノミストをとろうとすれば、デジタル版オンリーか、紙とデジタルのバンドルしかない」

それに対して学生が、「いずれ紙の雑誌を発行することをやめることもあるのか」という質問。

「読者が必要としているかぎり紙の雑誌は出していくが、しかし、われわれは、読者がいるところで活動をすることに決めている。はっきりと人々はデジタルで情報を摂取するようになっている」

英エコノミスト誌は、コロナ禍の2021年も定期購読の契約者数を103万人から112万人に増やしている。

面白かったのは、コロナ禍によって変わった働き方の良い点、悪い点を学生が聞いた時だった。

かつてひとつの部屋に編集者がギュウギュウ詰めになって、それこそ床に座るものもいた月曜日の会議は、今はＺｏｏｍになった。木曜日から金曜日の朝にかけて、ひとつの部屋でゲラを回し読みして最終チェックをしていたのも、デジタル上で家からやるようになった。金曜日の未明に、タクシーで家に帰る必要もない。これは良い点。しかし、失われたものもあるとダニエルは言う。

「オフィスにいた時代は、予期せぬ出会いによって新鮮なアイデアがスパークのように閃くことがあった。そうした予期せぬ出会いというのがなくなった」

コロナが終わった後も、働き方は以前のように戻ることはないのではないかとダニエルは言う。リアルとウエブのハイブリッドでやっていくことになる、と。

その日（11月26日）は、初めてオミクロン株の存在が報じられた日だった。

２０２１　12・6

英エコノミスト紙のエグゼクティブ・エディター、ダニエル・フランクリンとは、私が文藝春秋にいた時代に、知り合った。ダニエルが編集した『Megachange: The World in 2050』や『MEGATECH: Technology in 2050』の日本版を私が担当したのだった（それぞれ『２０５０年の世界』や『２０５０年の技術』として出版された）。

ダニエルとは年齢が同じだからか、うまがあった。私が文藝春秋を退社後も友情は続き、毎年、慶應や上智の私の授業にロンドンからＺｏｏｍで登壇してくれた。２０２４年には、聖心女子大学で授業を始めたが、この講義にも参加し、聖心の学生について「なんでこんなにシャイなんだ！」と授業後の感想を送ってきてくれたりする。

この本の出る２０２５年３月には東京に来ると言っていたので、再会を楽しみにしている。コロナの時代はもう遠い昔のようだ。

4 英『エコノミスト』誌のお家芸「予測報道」

グローバルに読者をもつ英『エコノミスト』のお家芸に「予測報道」がある。

毎年12月には、翌年の様々な分野でのトレンドを予測する『The World in』という年刊誌も出している。もちろん予測は外れることもある。たとえば『The World in 2022』

では、緊張高まるウクライナ情勢にそれでもロシアの侵攻はない、としていたが、外れたら外れたで、Ｐｏｄｃａｓｔ等でなぜ外したのかを自己分析する。

そうした過程で読者は、問題を重層的に理解することになる。

そのエコノミスト誌が、２０１８年ごろからしばしばとりあげるようになったのが米中対立の帰趨だ。なかでも２０２１年5月1日号のカバーをみたときは、どきりとした。台湾がレーダーの照準にあり、「The most dangerous place on Earth 地球上もっとも危険な場所」とタイトルを白地で抜く。

〈米国は、中国の武力による台湾侵攻を抑止することはできなくなりつつあると恐れている。インド太平洋海域を担当するフィル・デービッドソン提督は議会で3月にこう証言している。２０２７年までに中国は台湾を攻撃するおそれがある、と〉

２０２３年3月11日号のカバーはさらに直截《ちょくさい》だ。水陸両用戦車がまさに上陸せんとするイメージ写真をつかって「台湾有事」の様々な側面を予測報道している。たとえばアメリカは全面戦争を恐れているが、台湾は、もっとグレーゾーンを中国が攻めてくることを恐れている、と。

台湾本土への侵攻がなくとも、中国大陸沖3キロの金門島を占領したとき、アメリカと国際社会は、台湾を守ってくれるだろうか？　という疑問だ。

2021年５月１日号の英『エコノミスト』紙の表紙

日本の新聞も雑誌も、この「台湾有事」の予測報道あるいはシミュレーションをなぜやらないのか、と思う。

英エコノミストは台湾有事に関して重層的な報道を続けているが、しかし日本がどうそれに巻き込まれるかという視点はない。このことこそ、今日本のメディアがカバーしなければならない喫緊の課題だ。

英エコノミストのエグゼクティブ・エディターで、『The World in』の編集長を2020年まで務めたダニエル・フランクリンはかつて私にこんなことを言っている。

「歴史がそのまま繰り返すことはない。が、歴史をみることで、新しいものごとが起きた時にどのような反応が起きるか、ある程度予測できる」

その意味で、最近、私がまだ文藝春秋の編集者だったころ編集した一冊の本をよく見返している。デイヴィッド・ハルバースタムの『ザ・コールデスト・ウインター朝鮮戦争』である。

日本人にとって、この本の白眉は、仮にマッカーサーをトルーマンが解任しなければ、日本が戦場になったことがはっきりとわかることだ。

マッカーサーは原爆の使用の他に、台湾の蔣介石軍を参戦させて中国を挟み撃ちにすることを主張していた。しかし、これは朝鮮半島という限定戦争を、日本を巻き込んだ全面戦争に拡大することになっただろうとハルバースタムは示唆している。マッカーサーは、アメリカにとっての聖域を見ていない。仮に中国本土に米軍が攻め入れば、ソ連も参戦せざるを得ず、「東京と横浜の工業および港湾施設」は「(ソ連・中国にとって)きわめて魅力的な(攻撃)目標だった」。

内戦が国家間の戦争になる時

そうした知識をもって、話題の『安倍晋三回顧録』を読むと、たとえば安倍晋三がトランプに最初に会ったとき、「中国は太平洋に展開している米国の第七艦隊を狙っている」とまず説いて、こんなことを言ったというくだりに肝を冷やすことになる。

〈米国外で唯一、米海軍の空母を整備できる場所は、横須賀基地だけだ〉

これは逆に言えば、今やミサイルを持つ中国にとって「魅力的な目標」ということになる。

つまり1946年に始まった国共内戦で国民党軍が逃げ込んだ台湾をめぐる内戦が、ウクライナのように国家間の戦争になり、そして周辺の国も巻き込む全面戦争になるかという問いだ。

ウクライナももともとは、2014年のマイダン革命の結果始まった内戦にロシアが介入したことが後の侵略戦争にまでつながる。ウクライナは現在、ロシアの領土への攻撃を自制し、朝鮮戦争と同様の「限定戦争」に留まっている。台湾有事の場合は、日米安全保障条約と集団的自衛権の限定的容認があるから、アメリカと中国の戦火が開かれれば、日本も参戦せざるを得なくなるのだろうか？　安倍元総理はくだんの回顧録で、「日本の存立が脅かされる明白な危険があれば、存立危機事態として集団的自衛権の行使が可能」と言っているが、仮に横須賀へ中国のミサイルが着弾すれば、そうなる可能性は充分ある。

日本共産党員で党首公選制を主張したかもがわ出版の編集主幹が除名されたが、実は問題は党首公選制にあったのではなく、日本共産党の安全保障政策に対してこの編集主幹が異をとなえたことにあっただろうことは、彼の本『シン・日本共産党宣言』（松竹伸幸著）を読むとよくわかる。共産党にとって仮に政権に参加したとして、日米安全保障条約にのっとって台湾有事に対応するのか否かというのは悩ましい問題だ。

しかし、今やそれを現実のものとして議論をしなければならないことになっている。「米中もし戦わば」、どんなことが予想され、日本にどんな選択肢があり、どのようなシナリオが予想されるのか。

そのことを鳥瞰的な視点で、俯瞰し、整理できるのは、メディアだけだ。そして、それが戦争を防ぐことにもなる。

２０２３　５・23

ウクライナは、２０２４年8月にその自制をとき、ロシアのクルスク州へ越境攻撃を始めた。核による報復を示唆していたプーチン大統領だが、この本が校了する２０２５年２月の段階では、核使用はない。ロシアの側も北朝鮮兵がウクライナ領土で戦闘行動に従事するなど、「限定戦争」から「全面戦争」へのタイトロープを渡っているように見える。

中東も同じだ。これまでガザ地区の話は、ガザ地区に留まっていた。ところが、イスラエル軍のガザ地区への侵攻に報復する形で、イランがイスラエルの領土に１８０発以上のミサイルを打ち込むなど複数の国家間の戦争に拡大しつつある。

台湾の問題も、そうした視点でみる必要がある。

そしてこうした予測報道をすることで、記者や編集者も、普段何気なくながしている小さなニュースの大きな意味に気づくこともできる。

5 オフレコはこう使え! NYTの調査報道

公開最初の週末だというのに、シネコンの大きな箱に、観客は12人ほどだったか。

ニューヨーク・タイムズは、2017年から2018年にかけて有料デジタル版の契約者数を150万から300万へと倍に増やしている。その原動力となったのが、セクハラに関する調査報道で、映画『SHE SAID/シー・セッド その名を暴け』は、そのうちのひとつ、ハリウッドの実力プロデューサー、ハーヴェイ・ワインスタインの30年以上にわたる女優や自社の従業員に対する性的強要、それに対する口止め料の支払いを暴露した二人の女性記者の報道をもとにしている。

映画は、実際起こったことに忠実につくられているが、なにせ登場人物の数が多すぎるのと、ある程度、アメリカのメディア事情に通じていないと、意味がわからない部分も多く、映画が日本でうけないのはしかたがない。が、日本の新聞社に勤める人は、少なくとも二人の記者の書いた原作『その名を暴け』（ジョディ・カンター、ミーガン・トゥーイー著　古屋美登里訳　新潮文庫）は読んでおいたほうがいいだろう。

「経済紙でないと有料電子版はうまくいかない」「当局との癒着なくしてスクープはとれない」等々、日本の新聞業界で繰り返し語られる「常識」は考え直す必要があることが、具体的な事例をもとにわかる。

まず、何よりも感心するのは、ディーン・バケット、レベッカ・コルベットという編集局長、局次長のポジションにいる人たちが、これまで内々で処理されていたセクハラの実態をきちんとタイムズが報道することができれば、大きな波を作り出すことができると意図的にこの分野の調査に記者を投入していたことだ。

２０１７年に、タイムズは三つのセクハラ調査報道を行なっている。ひとつはＦＯＸニュースのアンカー、ビル・オライリーのセクハラ（調査期間８カ月）。１３００万ドルが口止めのために女性たちに支払われたことを暴露。次がシリコンバレーの複数のベンチャーキャピタリストのセクハラ（調査期間１カ月）。そして10月5日に最初の記事が出たワインスタインのセクハラとそのもみけしの告発だ（調査期間4カ月）。どれもかつてのタイムズならばやらなかったような攻撃的報道で。しかもこの報道をたんに有料版で報道するだけでなく、SNS等を使って積極的に拡散させ、読者にペイウォールを超えさせようとした。

実は、タイムズは最初からワインスタインのことを知っていたわけではない。FOXニュースのアンカー、オライリーがタイムズの調査報道によって解雇された数日後に、編集者のレベッカ・コルベットが、ジョディ・カンター記者に「アメリカには虐待に近い性的なハラスメントをしている権力者が他にもいるのではないか」と問いかけ、それがきっかけになって、ワインスタインの件が浮上するのだ。

ワインスタインは、女性を、宿泊するスイートルームに仕事といって呼び寄せ、「マッサージをしてほしい」としつこくせがみ、性的な暴力を働く。そうしたことは業界の噂にはなっていたが、肝心の女性が、示談金を支払われ秘密保持契約を結ばされているために、誰も実名で告発しようとはしなかった。

オライリーでも同じ問題があったが、しかし、示談にするその過程では金額等の交渉があり、交渉人、双方の弁護士や家族など、告発があったこと自体の痕跡は残る。オライリーの件では、その示談額を特定すれば、秘密保持契約にふれることなく、女性たちへの性的暴力を立証できるということをタイムズは学んでいた。

新聞の本筋は、前に出る調査報道だということを編集局長のバケットらはよくわかっている。

原題の『ＳＨＥ ＳＡＩＤ』の意味は、被害者たちが実名で証言することをさす。そのために、二人の記者は、様々なルートをたどって被害者とおぼしき人物にたどりつく。自宅を訪れると妻は不在で夫が対応し、夫は何も知らないことに衝撃をうけることもある（秘密保持契約のために夫にさえそのことを話せないということだ）。そして最初は、オフレコ（匿名）を条件に話を聞く。このオフレコを積み上げていくことで事態がおぼろげながら姿を現す。

しかし、書くためには、会社の報告書などのハードプルーフか、実名で証言する被害者が必要だ。日本の新聞の場合オフレコというと、記者クラブにいて政治家なり官僚なりから、いずれ発表される情報を事前に出してもらうためのものだが、本来のオフレコは、こうした調査報道のためにある。

ワインスタイン側は、調査を妨害するために弁護士や私立探偵をやとい記者のごみ箱まであさって弱点を探る。二人の記者は、会社の会計係から被害をききとった報告書を入手し、そしてついに実名で告発する女優をえて、初報を出すことができる。これを二人とも、幼子を抱えながらやりとげるのだ。

こうした前に出る報道なしに、読者はついてこない。日本では、伊藤詩織さんのケースを最初に加害男性の実名と顔写真をいれて『「警視庁刑事部長」が握り潰した「安倍総理」ベッタリ記者の「準強姦逮捕状」』のタイトルで報道したのは週刊新潮（2017年5月18日号）だった。新聞やネットメディアが、伊藤さんのことをさかんにとりあげるようになったのは、彼女が著書を出版し、外国人記者クラブで登壇するなどして、報道する側が「安全」となって以降の話だ。

筋読みができる才能ある編集者、当局取材を主としない前に出る調査報道、この二つを駆使して、電子有料版の読者を増やすこと。そのことによってのみ「持続可能なメディア」は生まれる。

2023　1・24

6　土産など持っていくな！ワシントン・ポスト元社会部長のレッスン

ちょっと前の話だが、学生が、ある人の紹介で、私のところにやってきた。その方は取材でお世話になった方だったので、会うことにした。

その学生の相談が、「卒論のテーマ自体を教えてほしい」というものだったので、「テーマは君自身が考えること。考えたうえで、ここがわからないとか、こういう人を紹介してほしい、ということだったらば、対応できるが」と、いささか厳しいことを言ってしまった。

そうすると恐縮したのだろうか、おずおずと紙袋をとりだし「つまらないものですが、おおさめください」と、何か甘いものだろうか、手土産をわたそうとした。

「これはうけとるわけにはいかないんだよ」

そう言って、30年前に、自分が同じ立場だったときの話をした。

1993年5月、コロンビア大学ジャーナリズムスクールにいた時のマスタープロジェクト（卒論みたいなもの）の総仕上げに、どうしても、私は、デイビッド・ハルバースタ

スティーブ・アイザックス。1993年コロンビア大学ジャーナリズムスクールの副学長室で著者撮影。2014年没。

ムに話を聞きたかった。で、仲良くなった副学長のスティーブ・アイザックス（元ワシントン・ポストの社会部長）に紹介してもらって、ハルバースタムのアパートで話が聞けることになった。若かった私は、アイザックスに、「時間をいただくのだから、何か、プレゼントを持っていったほうがいいだろうか？」と聞いた。

なにしろ、ハルバースタムは、大ジャーナリストだった。その作品をあげると、ベトナム戦争という失策をなぜ当時の政権がおかしたのかを描いた『ベスト＆ブライテスト』（1972年）、アメリカのメディアの興亡を描いた『メディアの権力』（1979年）、日米自動車戦争を描いた『覇者の驕り』（1986年）等々、目もくらむような仕事がつらなっている。失礼にならないように、という英語はでてこなかったが、ようするに私は怖じ気づいていた。

すると、アイザックスは言下にこう言ったのだった。

“Never do that.”

「どれだけインタビューのために準備をしたかどうかが、聞かれる人にとっては、最大の贈り物になる」

自分はハルバースタムに比べるべくもないが、しかし、以降、行動原則として、人に会うときには、できるだけ準備をして会うようにしている、そう学生に話をした。政府関係の仕事についた私の知り合いが、今年になって大手紙の記者が取材をしにきて、手土産をわたそうとしたことにふれていたから、私のところに来た学生ももしかしたら、新聞記者からその作法を伝授されたのかもしれない。

昨年9月に、『孤独のグルメ』の原作者の久住昌之さんが、インタビュー依頼について「報酬と著者校正」なしは断っている、〈新聞社の態度は、時代錯誤で非常識〉とツイートした。その際、当の新聞記者や元新聞記者たちまでもが、取材の際に謝礼を払わなければ失礼だの、原稿を事前に見せるのは当然だのと、SNSで発言していたので唖然とした。それが今の常識だったりするのかもしれない。

しかし、かつては記者をしていたその政府関係者は、〈「記者がこんなことするもんじゃないですよ」と、ピシャリ言わせてもらいました〉とフェイスブックに書いており、正解はそのとおりだと思う。

なぜ、原稿を取材相手に事前に見せるのか？

ハルバースタムが『覇者の驕り』で日産を取材したとき〈日産はあまり協力的とは言い難かった〉（『覇者の驕り』あとがきより）。

〈このことのマイナス面は、多くの時間が浪費されたということだったが、逆にプラス面としては、この結果私は非公式の情報源をみつける努力を一段と強めたということだ〉

あるいは、名作『ソニー　ドリーム・キッズの伝説』（２０００年）を書いたジョン・ネイスンの「まえがき」。

ジョン・ネイスンがソニーのことを書きたいと広報に申し入れた時「で、いくらほしい？」と聞かれたという話のあとにネイスンはこう続けている。

〈私が意図しているような内部の歴史は、会社の紐付きで書いたのでは誰もまじめに相手にしてくれない〉

〈まともな出版社に話を持っていくには、私が希望する人物には誰にでも会えることを保証したうえ、でき上がった原稿を検閲したり、承認する権利を一切放棄するというソニー

のお墨付きが必要〉

アイザックスやハルバースタム、ネイスンそして知り合いの政府関係者の言っていることがごくまともな書き手の姿勢だ。

このように、新聞記者の姿勢がかわってきてしまった理由のひとつに、ネットでただで読める記事では、取材相手に原稿を事前に見せる、という慣行があり、新聞の記事もそちらにひっぱられていってしまったことがある。が、そうした記事は他でも読めるから、人はお金を払って読もうとはしない。

ちなみに、上智の私の授業では、学生が調査し、教室の中で発表するという形式をとっているが、同じことを聞かれたら、アイザックスが30年前に私に言ったのと同じことを返すようにしている。

「いかに準備をするか、それが君が相手にできる最大の貢献」

2023・3・28

この事前に原稿を取材相手に見せてチェックしてもらう、というのは、デジタル以降の本当にやっかいな風潮だ。

デジタル・ジャーナリストを育てるという社団法人の幹部が、インタビュー記事をどうまとめるか、という講座をひらくにあたって、自身がインタビューをうけてその原稿を見せられても、あまりに直しに手間がかかりすぎるので、この講座を立ち上げたという趣旨のことをｓｎｓで発言していた。「そもそも原稿を事前に相手に見せてしまうこと自体間違いなのでは？」と私は書き込みをしたが、「これはそういう取材じゃない時のことだからいいんです」という趣旨の返事が返ってきた。

この週刊朝日のコラムに書いたように、一人の人に話を聞いて、一丁上がりの記事があまりに無料デジタルの記事では多すぎる。

正直迷惑をしている。

ノンフィクションの場合、複数の当事者にある事象について聞いて、書いていくわけで、一方の当事者だけに原稿を見せるということはありえない。そして実は、話を聞かれた人にとっても、そうした形で取材をして、書いたもののほうが、長く歴史に残っていくので、結果的にはよいのである。

たとえば、自分は『アルツハイマー征服』というアルツハイマー病の治療法の開発史を書いているが、エーザイはアリセプト、レカネマブという90年代、２０２０年代にゲームチェンジャーとなった治療薬をつくった会社として、大事な取材先のひとつだった。

これは、着手から本がでるまで20年近くかかった本だから、途中いろいろなことがあった。本の中には、アリセプトを開発した杉本八郎が、会社の当時の実力者を、忘年会の席上ぶん殴ってしまい、その次の異動で、人事部に異動させられてしまう話も出てくる（しかも部下なし）。

エーザイの側も、アデュカヌマブやレカネマブというアミロイドβ抗体薬の結果が出るまでは、個別取材はできない、と防御をはった時期もある。

が、一度でも、こちらから事前に「原稿をチェックしてほしい」と言ったことはなかったし、エーザイの側も「原稿を見せてほしい」ということを言ってきたことはなかった。

そうして書いた本だからこそ、一般の人々は信頼をし、結果的にエーザイの一筋縄ではいかない苦労も理解したのだと思っている。

最近は会社の意向ということで「下山さんは取材相手に原稿を見せないかもしれませんが、多くの人は見せています」と迫ってくる編集者もいたりして（この版元はかなり特殊なケースで、本当にまともなノンフィクションの書き手が取材相手にいちいち原稿を見せてはいないだろう）、唖然としたこともある。

それでは、「広報」と変わらないという話になる。そしてそのことをきちんと明示していないから、「ステルスマーケティング」と同じということになる。

さて、デジタルの世界で、メディアがやっていくためには、無料広告モデルでは難しい。有料で読んでもらうサブスクモデルしかない。そのことがニューヨーク・タイムズや英エコノミスト、フィナンシャル・タイムズなどの成功によってわかってくると、この有料課金のマーケティングのシステムを提供するスタートアップが出てきた。

7 ヤフーやグーグル頼みは間違っている

英エコノミスト誌を発行しているエコノミスト・グループの2017年のアニュアルレポートにはこんな文言がある。

〈グーグルとフェイスブックが世界のデジタル広告の6割をとっている。アメリカ市場に関してみれば、ここ数年は新規のデジタル広告費の99パーセントはこの二社にいく〉

だから、英エコノミストは、グーグルやフェイスブック、ヤフーなどのプラットフォーマーに記事は出さず、1カ月からの定期購読しか提供していない。

そしてこの英エコノミストにデジタル購読のシステムを提供しているのが、PIANOという会社（本社　アムステルダム）である。ニューヨーク、東京、オスロ、ベルリン、ミュンヘン、シンガポール、ブエノスアイレスなど世界各都市に拠点を持つ。日本でも、週刊文春などの電子有料版のシステムを提供し、グーグル、フェイスブック、ヤフーというプラットフォーマーに頼らないメディア独自のデジタル購読システムを陰で支えている。

このPIANOを立ち上げたCEOのトレバー・カウフマンにインタビューする機会を得た。トレバーが、ネット上で新聞や雑誌の電子版を、月極め購読でとってもらうことを支援するビジネスを始めたのは、2012年のこと。そのトレバーの軌跡をたどることが、メディアの生き残りについて重要な示唆を与えてくれるので、今回はその話をしよう。

トレバーは、メディアの街ニューヨークで育った。父親は広告マンだった。昼食のマティーニで仕事をとってくる生き馬の目を抜く広告業界で父親は仕事をし、トレバー自身も、WPPという世界最大の広告代理店に勤めていた。

2010年代初頭、WPPでインターネット広告の新しいシステムができた。それは、クライアントの広告を様々なホームページに、瞬時にコンピューターがデリバリーするシステムで、すでに興隆をほこっていたグーグルのアドセンスに対抗したものだった。

しかし、トレバーはこのシステムを見た時、こう思ったのだった。これじゃあ、いったいどのメディアに広告が出るのか、クライアントは全くわからないではないか。

これはメディアの側にとっても大きな問題をはらんでいた。それまで広告主は、例えばニューヨーク・タイムズならタイムズ、フォーブスならフォーブスの読者の特性を見極めて広告をうっていたわけだが、そうではなくなる。そうなれば、限りなくメディア側のブランドの価値も低下していく。

それまで雑誌も新聞も、収入の8割近くを広告に頼っていた。紙からデジタルへの転換は、不可逆的に進んでいったが、多くのメディアは、ネットでも、広告料収入によって運営できると考えた。

が、グーグルやヤフーなどのプラットフォーマーが興隆するネットの世界では、トレバーはむしろ逆だと考えたのである。そこで、WPP時代にためた400万ドルをはたいてマンハッタンの小さな会社を買った。その会社は二人でスタートアップしていたが、サブスク（有料定期購読）を支えるシステムをメディアに提供しようという会社だった。

しかし、2010年代の前半は苦労した。そもそも地方紙をまわっても、まだ紙を中心とした経営を変えようとはせず、鼻であしらわれた。

その頃までに、競争社もたちあがり、ネットでの課金のシステムを提供していたが、トレバーの考えとは根本的に違った。ウォール・ストリート・ジャーナルを辞めたゴードン・クロビッツらが始めたジャーナリズム・オンラインという会社があったが、この会社の提供するPRESS＋というシステムは、日本のdマガジンと同じで、PRESS＋に入会すれば、たった25セントで様々な新聞や雑誌の記事が読めるという立て付けだった。しかしこれでは、そもそも各紙誌のブランドが限りなく希釈されてしまう。実際、メディア側にとってはPRESS＋を使っても、記事を読まれれば読まれるほど赤字になってお り、うまくいっていなかった。この会社はトレバーの会社に吸収されることになる。

トレバーは世界でも有数のメディアの街で育った。ニューヨーカー、ニューヨーク・マガジン、ニューヨーク・タイムズ、デイリーニューズ、ニューヨーク・ポスト、ビレッジ・ボイス、こうした紙誌を子どものころから読み、編集者の力がいかに偉大かを知っていた。

「シリコンバレー流の考えでは、書き手と読者を直接結びつけるシステムだけつくればいいじゃないか、ということになる。しかし、重要なのは、その雑誌、新聞の編集者が築き上げてきたその媒体の特性でありブランドなんだ。だからPIANOのシステムではばら売りもしない。プラットフォーマーに記事を出すのも間違いだ。定期購読を直接読者に提供し、それをいかに多くするか、サポートする技術を提供している」

トレバーの会社のシステムは、まず欧州で花開いた。

米国でもタイムやCNBCを顧客にすることができたが、7月に本社をニューヨークからオランダのアムステルダムに移している。

「プラットフォーマーに対する規制の強い欧州では、メディアはグーグルやフェイスブック流のデータ保管のしかたを極端に警戒する。PIANOは得られたデータをメディアと共有し、プライバシー規定も欧州のやりかたでやる。そのことを身をもって示すために本社を欧州に移転したんだ」

英エコノミスト誌は、1996年には50万部だった部数が、2001年には76万部、最新の2021年の数字では112万部を数えるまでになっている。その秘密は、デジタル有料版を戦略の中心にすえ、エコノミスト誌でしか読めない記事をつくり続けたことだ。

そこでしか読めない情報を紙でもネットでも、バラ売りではなく、パッケージで有料提供する。メディアにとっての最適解はそこにしかない。

2022 8・9

このPIANOはさまざまなサブスクの指標を与えるマーケティングツールを提供はするが、そもそもデジタル化が遅れている企業では、このツールのもつ意味がわからない、ということがおきる。またデジタル有料版を成功させるためには、ダイヤモンド社の章で明らかにしたように、組織の改編が必須となる。そこまではPIANOはやらない。

それをやろうとしているのが、コンサル部門を立ち上げたフィナンシャル・タイムズだ。日経と競合しない日本の地方紙へ積極的な売り込みをはかりはじめた、というのが次のコラム。

8　フィナンシャル・タイムズが始めたメディア向けコンサル

PIANOという会社についてとりあげたことがある。

英エコノミスト誌や週刊文春電子版、文藝春秋電子版などにデジタル購読のシステムを提供している会社だ。そのコラムを読んで、日本のある出版社の社長がコンタクトをとってきたことがあった。彼の会社のシステムは、2000年代のガラケー時代のままで、せっかくユニークなコンテンツを提供しているのに、紙の定期刊行物の部数は減り続け、なんとかならないかとPIANOのことについて聞いてきたのだった。

そこで日本のPIANOの代表を彼に紹介したが、結果からいうと商談にはならなかった。PIANOは課金のシステムや、分析のツールを売る会社で、コンサルはやらないからだった。DXが極端に遅れている会社だと、そもそもパンフレットの言葉の意味がわからない。DXを成功させるためには、ダイヤモンド社のように、組織そのものを大幅に変えていかなければならない（後述する）がそのやり方がわからない。

そんなことを経験していたので、英国のフィナンシャル・タイムズ（FT）がメディア向けのコンサルビジネスを始めたと聞いた時に、これは需要があるのではないかと思った。

日本の地方紙もそれを利用しているという。

が、一方でうまくいくのかと半信半疑だった。そもそも英国のFTと日本の地方紙では条件が違いすぎる。

ここ数年日本の地方紙は、ようやくデジタル有料版を始めているが、その会員数は十勝毎日新聞などの例外をのぞき2000もいっていない。

対するFTは2002年にはデジタル有料版を始め、2022年には有料会員数が100万を突破している。

そもそも、参考になるのか？　そんな疑問を実際にFTのコンサル部門FT Strategiesが行った「サブスクリプション・アカデミー」に参加した地方紙の幹部に聞いたところ、「よかった」という。聞いてみると、FTのやりかたを教えるわけではなく、それぞれの新聞社がどうすれば、サブスク事業を育てられるのかをコンサルするということのようだった。

2022年7月から12月にかけて行われたプログラムで、沖縄タイムス、京都新聞社、信濃毎日新聞社、中国新聞社、秋田魁《さきがけ》新報の5社が参加したが、このアカデミーが終わったあとも、この5社で定期的に自主的な勉強会を開いているという。

そんなことから、日本でのプログラムを指揮したFT Strategiesのアジア地域の責任者であるサブリーナ・ダルヤナニ（シンガポール在住）とシニアコンサルタントの長崎勇太（ロンドン在住）に話を聞いてみた。

メディアのサブスクはECに比べて10年遅れている

サブリーナはもともとEコマースの会社に5年つとめたあとに、メディアの生命線であるデジタルサブスクリプションの分野に転職してきた。Eコマースは、たとえばカートの位置、決済の方法、商品の見せ方等、いかに買わせるかについて徹底的に研究してきた分野だ。

「その意味でメディアの有料デジタル版のサブスクは、10年遅れている」と転身した後に思ったそうだ。ECの知見は充分メディアの有料サブスクにもとりいれることができる。

FTに2022年3月に移ってきた時、コンサル部門が立ち上がって2年以上が過ぎていたが、それまでの活動は欧州が主で、アジア太平洋部門はまだ手がついていなかった。グーグルニュースイニシアティブと契約をむすび、アジア太平洋地区のメディアのデジタル化教育に携わるという形で、まず日本から6カ月間のコースが2022年に始まった。グーグルがお金を出しているので、地方紙は参加にあたってはお金を払う必要はない。しかし、参加の際の条件に「デジタルサブスクリプションが戦略的優先項目」であることと「担当役員のプログラムへのコミットメント」があげられていた。

ました」（長崎勇太）。

「だから、6カ月間のプログラムに役員が参加した例や、販売局の方が参加した例もあり

１９９２年生まれの長崎は、もともと海城高校を卒業したあと、アメリカの大学に入学した純ジャパだが、１９８８年生まれのサブリーナの両親はインド出身、北西アフリカ沖のカナリア諸島（スペイン領）で育ち英国で教育をうけた。日本でこの「サブスクリプション・アカデミー」が行われた２０２２年7月～12月は、二人とも東京に滞在したが、サブリーナにとって日本は初めての国だった。

地方紙の編集局を訪れてまず驚いたこと。欧米の編集局では10年以上前に消えてしまったさまざまな音が聞こえてきたことだ。ファックスが記録紙を吐き出す音。そして編集局に響きわたる共同通信の「ピーコ」とよばれる速報。

プログラムの中では、仮説を各新聞社にたてさせそれを実際にやってみるということが行われた。たとえば女性層にリーチをしたい場合「トップページに女性の写真が多いと女性読者が訪れる割合が多い」と仮説をたて、それを実際にやってみるのである。そうすると訪問者数は増えたことがわかるから、それではつぎにそうして訪れた女性読者に有料版を購読してもらうにはどうするるか、というふうに進んでいく。

今問われているのはメディアの持続可能性

FT Strategiesはこれまで、全世界で700以上の新聞社・出版社・テレビ局などの有料デジタル化についてのコンサルやプログラムを行っており、そうした中にはモンゴルの新聞社やケニアのメディアコングロマリットなどもある。

ギリシアでは、Kathimeriniという高級紙のデジタル有料化のコンサルを請け負ったが、ギリシアの新聞社でそのとき、インターネットで有料版をだしている新聞社はなかった。

「彼らはデジタル有料版に移行するのをとても恐れていましたが、しかしそのままでは、10年後には倒産したでしょう。我々はローンチの手助けをし、今のところその結果は上々です。今問われているのは、メディアの持続可能性なのです。新聞社の幹部は5年後のことを考えるのがとても苦手です。たしかに今のところ紙でまわっているかもしれない。しかし、この部数の下がり方を延長していけば、持続不可能になることは明らかで、だからこそ5年後、10年後にデジタルと紙のバランスをどうしていくかというビジョンを今たてることが必要なんです」(サブリーナ)

サブリーナたちは、日本の地方紙のプログラムをやってみた評価をペーパーの形で出し

2024年５月に早稲田大学で行われた報道実務家フォーラムで。サブリーナ・ダルヤナニ（右）と長崎勇太（左）も「デジタル収益拡大へ　FTが歩んだ道のりと編集局の変革」の題でセッションを持った（写真：朝日新聞出版）

ているが、それを読んでみるとなかなか手厳しい。

〈将来的に目指すべき姿が不明確であるため、社内におけるデジタル事業の位置づけや、リソース配分のバランスについて、社内でコンセンサスが採れていない〉

ヤフーなどのプラットフォーマーとのつきあいについても、「外部のプラットフォーマーに頼るのは危険だ」と明快だ。

FT Strategiesは全部で60名あまりのスタッフがいる。その背景は、コンサルタント出身者やメディア出身者、エンジニアなど多様だ。

日本ではこのあとグーグルニュースイニシアティブのプログラムが今年(2024年)もあるが、それ以降は、個別で新聞社がFT Strategiesと契約という形になる。

が、「そうした新聞社が出てくるかどうかはわからない」とサブリーナは言うのだった。

2024 6・10

第4章

全国紙への処方箋

この本の版元である朝日新聞出版の親会社は朝日新聞だ。すでに書いたように、朝日は、インターネット後の巨大な変化に、もっとも大きく打撃をうけている新聞社だ。ピーク時の2004年には4069億円あった売上は、最新の2023年度決算では、1829億円まで下がった（55パーセント減）。

デジタル有料版である朝日新聞デジタルを始めたのは、2011年だから日経の一年後と早い。

が、このデジタル有料版の契約者数は、2016年頃から30万契約前後とずっと停滞している。

そして主な売上を占めていた紙の新聞の落ち込みは激しい。2002年には、830万部あった部数は、最新の2024年上半期の部数では、310万部強にまで減ってしまった（63パーセント減）。

なぜ、有料デジタル版がうまくいかず、紙が他紙に比べても急激に部数を失っているのか？

そのことを、外岡秀俊という朝日にいたジャーナリストの軌跡から考えたのが、次の二つのコラム。

1　もし外岡秀俊が朝日の社長だったら

私がまだ大学生だったころ、家でとっていた朝日新聞の日曜版を読むのが楽しみだった。世界各地の名画を、記者がその足で訪ね、その画《え》にまつわるあれこれを連番で書く「世界名画の旅」に心躍ったからだ。

8人ほどいた書き手の中でも、外岡秀俊が書いていた回は格別だった。たとえば世紀末ウィーンで描かれたクリムトの「接吻」についての回。

〈悦楽に沈む女性は、そのつま先を絶壁の端にかけ、かろうじて現世にとどまっているかに見える。花園が途切れる先に広がる金色の奈落――それは、ウィーンがおかれた現実そのものだった〉

外岡は同じ世紀末にウィーンで、画家をめざしたもう一人の青年アドルフ・ヒトラーの影を重ねながら、それから20余年後の「奈落」について描く。

1985年当時、新聞はかくも自由だった。

その外岡さんが、昨年（2021年）12月23日、心不全でなくなった。

私が憧れの外岡さんに初めて会ったのは、1993年、ニューヨークのコロンビア大学ジャーナリズムスクールに留学中のことだ。しかし、その時のことは残念ながらほとんど覚えていない。私が鮮明に覚えているのは、私にとって最初の本格的なノンフィクション『勝負の分かれ目』を1999年11月に書いた時、すぐに読んでくれて高く評価し、朝日新聞社内の勉強会の講師に呼んでくれたことだった。

後に「あらたにす」という読売・日経・朝日がヤフーに対抗して共同で立ち上げた新聞の読み比べサイトに朝日から初代の理事で参加することになる田仲拓二さんも、その勉強会の参加メンバーのひとりだった。

田仲さんは、大阪の社会部出身。書籍の中で、リクルート報道を指揮した横浜支局の山本博の肩書が「支局長」となっていたのを見つけて、「これは次長だよ。デスクなんだ。こういう間違いは恥ずかしい」とその会で発言すると、外岡さんは「1500枚の書き下ろしなんだからそれくらいの間違いはあるよ」といなしていた。だから、てっきり田仲さんは後輩かと思っていたら、実は5年ほど先輩だったということは今回初めてわかった。

それくらい当時の朝日新聞は上下の別なく自由闊達に議論ができる空気があった。少なくとも外部の私からはそう見えた。

それは外岡さんの人柄によるところが大きかったのかもしれない。新聞社で特ダネ記者というと、クラブにいて官僚の情報を先にとって書く記者だが、そういう人は、えてして尊大で、他者を蹴落とすところがある。しかし、外岡さんは、そうした記者クラブ取材とは超然としたところを「世界名画の旅」のように若いころから歩いてきた。

東大法学部在学中に石川啄木を題材とした小説『北帰行』で、河出書房の文藝賞を受賞したことや、新聞記者としては、阪神淡路大震災から災害を息長く書いてきたことから、そのことについて書く追悼文はいくつも出るだろう。

が、私はここではあえて、もし外岡さんが、朝日の社長になっていたら、ということについて考えてみたい。

そういう話は実際にあったのだ。

朝日が従軍慰安婦問題や吉田調書問題で大揺れに揺れた2014年、辞任した木村伊量《ただかず》にかわって外岡さんを社長にする話はあった。

すでに母親の介護のために、社を早期退職し、故郷の札幌に居を移していた外岡さんだったが、木村伊量の前の社長秋山耿太郎《こうたろう》が外岡さんに打診をしている。

『2050年のメディア』という2019年末に出した本の取材で、秋山が私にしてくれた話だが、そのことは本には書けなかった。

すでに秋山は社をひいていたが、社内には外岡待望論があり、秋山も、外岡に頼んだが、断られたのだという。

歴史に「もし」はないが、もしあのとき、外岡が朝日の社長をやっていれば、朝日はずいぶん違っていたと私は思う。

というのは、『2050年のメディア』を出してから、私は持続可能なメディアの条件を、「1、そこにしかできないコンテンツを有料で出していること、2、それを適切な方法で読者に届けていること」だと考えるようになったからだ。

外岡秀俊（写真：朝日新聞）

外岡さんはそのふたつをよくわかっていたと思う。外岡さんとの最後のメールのやりとりは、2015年5月11日。そのメールでは、私が編集者として手がけた『グーグル秘録』（ケン・オーレッタ著）について「グーグルというプラットフォーマーが新聞を打ち砕いた」と正確にその意図するところを読み解いていた。
そしてその外岡さんの遺稿となったのは、1月7日に発売となった朝日新聞社の月刊「ジャーナリズム」で、そこでは、日本ではこのプラットフォーマーがグーグルではなくヤフーであったことを、私の『2050年のメディア』を俎上《そじょう》に載せながら指摘したうえで、こう結論づけていた。

〈まだ、かろうじて間に合う。縮小均衡を続けるか、大胆なDXでメディア産業として再生するか、決断の遅速と在りようは、それぞれの将来を容赦なく決することになるだろう〉

もし、外岡秀俊が朝日の社長だったら。そんなことを考えながらその訃報を聞いた。

2022 1・30

2

外岡秀俊『北帰行』復刊 46年前のこの小説に新聞社再生のヒントあり

昨年暮れに心不全で亡くなった外岡秀俊の処女作が、先月河出書房新社から文庫で復刊された。

外岡のことはすでに、前のサンデー毎日で二度書いている。『世界名画の旅』を始めとする新聞記者らしからぬ名文の記事を次々ものし、2006年から2007年までは編集局長、ゼネラルエディターという管理職も務めた。朝日が従軍慰安婦問題や吉田調書問題で大揺れに揺れた2014年、辞任した木村伊量《ただかず》にかわって外岡を社長にする話もあった。木村伊量の前の社長秋山耿太郎《こうたろう》が外岡に打診をしたが、すでに朝日を母親の介護のために退社していた外岡はうけなかった。

この『北帰行』はその外岡が、朝日新聞に入る前、まだ東大の学生時代に書いた小説だ。1976年に単行本になっている。今回、この小説をとりあげることにしたのは、この半世紀前の小説と外岡のその後の朝日での生き方自体が、現在苦境にある新聞の再生のヒントになるような気がしたからだ。

この小説は、U市という炭鉱街で生まれた三人の男女の失われゆく故郷と、石川啄木が、盛岡での代用教員を辞め、一年だけ北海道に暮らしたその足跡を重ね合わせて描く。

実は今、読んでみると、この北海道時代の石川啄木は、未来の外岡を暗示しているようだ。詩人石川啄木は、すでに北海道にわたる時には、その詩名はとどろいていたが、もちろんそれだけでは、食べていくことができず、函館の新聞社に職をえて記者となるのだった。

外岡も、小説で食べていこうとはしなかった。この『北帰行』が文藝賞という賞を受賞し話題になったにもかかわらず、翌年には朝日新聞に就職し、小説家としての活動は封印する。

ところで、もし、私がこの文庫『北帰行』の担当者だったならば、解説には、沢木耕太郎が1992年4月に書いた「幻の『西四十三丁目で』」というエッセイを、解説にかえる形でそのまま収録したような気がする。

沢木は、ニューヨークを仕事で訪れていた時、当時朝日新聞で連載中の「彼らの流儀」の執筆に、朝日新聞のニューヨーク支局の机を借りることにする。ここで、沢木は、初めて外岡に出会うのだが、最初は気まずい思いをした。というのは、外岡の『北帰行』を新聞の書評でとりあげていたのだが、〈いくつかの細かい欠陥をあげつらうような文章を書い〉ていたからだ。

沢木は、そうした書評を書いてしまったのは、世代の近い外岡に対する嫉妬心であったということをそのエッセイで正直に告白している。で、外岡にあわす顔がなかったのだが、しかし、外岡は、その書評を、「感謝している」と言ったのだった。

沢木のエッセイのきもはそれからだ。この顛末を原稿にして朝日新聞に連載していた「彼らの流儀」の一回分にしようと、外岡に原稿を送って掲載の許可を求めたところ、こう言われて断られてしまうのだ。

〈自分はこれまで、かつて小説を書いたことのある外岡秀俊ではなく、朝日新聞のごく普通の記者のひとりとしての外岡秀俊であることを意志してきた〉

『北帰行』の中で外岡は、社会主義者、無政府主義者としての啄木と吟遊詩人としての啄木をどう考えたらいいのか、ということを主人公の「私」に追わせている。それは常に分裂したものとして批評家からとらえられていた。しかし、と主人公である「私」は啄木の北海道時代の足跡をたどったすえに次のような結論に達するのだ。

〈啄木が大逆事件に異常なまでの関心を抱いてその真相を究明したのは、彼が一人のジャーナリストであったためというばかりではないだろう。彼は詩人であったからこそ、国家の犯罪を糺明せずにはいられなかったのではないか（中略）。彼はくらしの中にできた歌の小径を通って、無政府主義に赴いたのだった〉

これは、その後外岡が朝日でたどることになる道をそのまま予言していた。

沢木には、「小説家外岡」は封印している、ときっぱり言ったが、しかし、外岡の書く記事は、小説家としての自由な心から対象に迫る面白さがあった。

外岡は、いわゆる「前うち」をやってこなかった記者だった。記者クラブに属して、官僚から情報をとり、それを他社より早く書くという取材はしていない。すぐに学芸部に配属され、記者クラブも発表もない世界で、鷹匠を取材したり、クリムトとヒトラーを生んだ大戦前のオーストリアについて書いた。これらの文章は今読んでもまったく色あせていない。

私は編集者時代、いわゆる特ダネ記者といわれる人たちとつきあったことがあったが、ついていけなかった。ある人は、ネタをとるために、省庁の同期三番目以内とだけつきあい、そこからえる人事情報で、三番目以下の人たちからペーパーを抜いていたりした。

確かに、特ダネはそれで抜けるだろうが、しかし、そうした人たちの書く原稿は、面白くなかった。その人ならではの切り口があるわけではない。そしてそうした記者たちは人を自分にとってどう利用できるか、で値踏みしていた。

その人でなければ書けない記事、その社でなければ見つけられない切り口、そうしたものに、人はお金を払って読む。そしてそうした記事こそが歴史に残る。

詩人の自由な心をもっていたからこそ社会問題に鋭く斬り込むジャーナリストたりえた。

今から半世紀近く前に書かれた外岡の啄木像は、そのままその後の外岡の姿であり、今日の新聞が歩まなければならない道を指ししめしている。

２０２２　10・4

日本経済新聞は、コロナ下で、有料電子版の契約者数をさらに10万部近く伸ばし、80万契約者数にのせ、２０２４年12月１日時点の最新の数字では１０１万契約者数となった。それに力があったのが、「データで読む地域再生」だ。

全国に支局のない地方紙にとって本当に必要なのは、日経の「データで読む地域再生」のような記事なのだ。

日経は地方支局といっても県庁所在地に一人いる程度で脆弱だ。しかし、つなげることで大きな構図を示して成功した。これは地方支局の撤退が進む読売以外の全国紙にも適用できる応用問題だ。

３ 撤退進む地方支局　つなげることで大きな構図を示せ

ある全国紙の地方支局に入ると、机が5つあった。支局長席はわかる。残りはなんであるのだろう？　そこは支局長一人の一人支局のはずだからだ。

「少し前までは支局員が3人、事務の女の子がひとりいたんだよ」

全国紙の地方支局の後退が進んでいる。新聞社の売り上げが加速度をつけて下がっているなか、地方支局の人員の削減、あるいは閉鎖が急速に進んでいる。

「だから、下山さんが言うような『夜回り』自体が地方支局ではできなくなっている」

その支局長がまだ本社にいた2000年代後半にすでに、全国紙の地方支局の弱体化は始まっていたのだという。地方で大きな事件が起こると本社から地方支局に応援にいく。当時応援にいったある地方支局で県警担当の記者に、「刑事のヤサ帳は？」と当然のように聞いた。「刑事のヤサ帳」とは、その支局独自でつくる県警幹部の自宅の住所録だ。かつては、捜査一課（殺人強盗など担当）と二課（汚職などの知能犯担当）の幹部は、支局員たちがあの手この手でつきとめ、それを申し送りで次の支局長へ伝えていっていたものだった。

ところがその「ヤサ帳」自体がすでになかった。

今、地方支局で、かつてのような夜回り取材をしているのは、読売新聞とNHKくらいしかない。

しかし、それは悲しむべきことだろうか。

たとえば日本経済新聞はもともと県庁所在地に一人といった形でしか地方の支局には人員を配置していない。だから県版をつくりようもない。その日本経済新聞が現在とりくんでいるのが、「データで読む地域再生」というシリーズ企画だ。

日本経済新聞では、地域報道センターが、地方部を発展させる形で、2021年4月にできる。この地域報道センターは、公開データを47都道府県で縦串を通すことで、そのなかから出てきた特徴について取材をし、全国規模の課題を洗いだしている。

2021年6月18日の記事では、03～07年期と、13～17年期全国の自治体の出生率の増減を比較、このうち出生率を増やした自治体がどういう施策をしたのかを個別取材している。たとえば、岡山県奈義町（0・32ポイント上昇の出生率1・84）では、出産祝い金（1人10万円）や進学が困難な学生への奨学金（最大年60万円）無利子貸与などの子育て支援宣言を2012年に出していたことがわかる。

しかもこれらの記事は電子版のためにまず作られており、細かな全国の自治体別の数字の比較が地図とグラフでわかりやすく展開されている。

このシリーズでは、これまで医療費、農業生産高、介護費、ワクチン接種率などを全国の自治体別に比較してきたが、比較によってはっきりと問題点と解決策が浮かび上がってくる。これは、地方の読者にとって切実な課題であり、日経は、有料電子版の読者を地方に広げようとしている。実際、2020年2月に70万を越えた電子版の有料会員数は、コロナ禍のなか、さらに契約者数を伸ばし、2021年7月1日の時点で、81万1682となった。

他の全国紙は、まだ、地方支局にそれなりの人数がいるために、夜回りはできなくとも、県版をうめるための記事を地方支局の記者はせっせと書いている。しかし、その地域を取材しただけで、全国版に載るようなものではなく、十分な人員のいる地方紙のカバーの体制にはかなわないから地方における競争力もない。

全国メディアにおける地方の拠点はつなぐことで大きな力を発揮する。

『2050年のメディア』という単行本を2019年10月に出してから、地方紙の講演会に呼ばれることが多くなった。かならず、一カ月ほど、その地方紙を郵送で送ってもらい、読んでから講演会に臨むようにしたが、その中で感じたのは、全国の記事を配信している共同通信の記事の弱さだった。

地方紙の場合地元の記事は自分たちで取材できるが、全国的な課題の記事については共同通信の配信による記事を掲載するしかない。この共同の記事が、30年前と同じような通信社スタイルの記事なのだ。つまり、地方にとって切実な問題を比較から深掘りしていくという記事がない。

8月に共同通信に「新聞の未来」というテーマで取材をうけた際に、なんで日経の「データで読む地域再生」のような記事が出せないのか、聞いてみた。

すると、サイバー犯罪などを取材するチームはあるのだが、データを使ってクランチングして大きな傾向をつかみ、全国的な課題を探っていくというようなチームはないとのことだった。

その共同通信が、11月1日に加盟紙の有料電子版向けを意識したコンテンツを一元的に配信する専用の部署「メディアセンター」を立ち上げたという。

なるほど、いいのではないか。地方をカバーするとは、前うちや発表ものを追いかけることではない。比較によって物事はよく見えてくる。全国の数字をつなぐことは全国に支局を持つ共同通信でなくてはできない。そしてそうした記事は競争力がある。

2021・11・1

共同通信が地方紙のデジタル有料版へ配信するための部署をつくった。ということをこのサンデー毎日のコラムで書いたのだが、しかし、そこで配信を始めた記事は、本当に地方紙の役にたっているのか、その具体例を聞くと疑問だった。

国際女性デーにあわせて、社会部の主導のもとこの部署も連携して大々的な「データ報道」として、共同社内でも成功例としてとりあげられている「都道府県版ジェンダー・ギャップ指数」の配信記事。が、ある地方でその配信記事を読んだ私は不満だった。

そんなことから書いたのが次のコラム。

4　女性活躍が進むとどんな変化があるのか？　そこを書いてほしい

たまたま、日本記者クラブに用事があって、そこにあった新聞協会発行の月刊誌『新聞研究』の3月号を手にとった。「新人記者に向けて」という大特集があり、読売の専務や、共同通信の社会部長など、現役の記者、管理職がおのおの4ページほどの原稿を書いていた。その中で唯一フリーランスのジャーナリストとして、元アエラ編集長の浜田敬子さんが、一文をよせていたのに気がついた。

この「新人記者に向けて」という各社の幹部の文章は、そのまま、今新聞が抱えている問題を映し出しているような気がしたのだけれど、解決策のヒントは浜田さんの文章に書かれてある。

浜田さんは、新聞記者にむいていなかった。朝日新聞に入社し、地方支局に配属され、夜討ち朝駆けの生活を続けているうちに、〈数カ月でポケベルの音が常に耳に残っている感覚になりました〉。

で、秋には、体調を崩し戦線を離脱するという経験をしている。

行き止まりになったように見えたキャリアの愁眉を開くことになったのは、〈自ら希望して週刊誌に移ったことだった〉と書いている。

〈週刊誌で身についた〝能力〟が、その後のキャリアを支えてくれました。それは「企画を立てる」という力です〉

地方支局時代の仕事のしかたは、自分で考える必要はなく、ただサツカンや県庁の役人がもっている情報やペーパーをとってきて書くこと。が、週刊誌の場合は、自分の興味で題材をひろい、仮説をくみたてて、それを自分で確かめ記事にしていくという過程をたどる。

『新聞研究』3月号の「新人記者に向けて」といういくつものメッセージの中ですっと頭に入ってきて、わがことのようにとれる文章は浜田さんのものだったような気がする。

そんなことがあって浜田さんが新著『男性中心企業の終焉』を半年も前に送ってきたことを思い出し、ようやく読み終えた。

この本でも面白いのは、やっぱり自分のことを書いたところですね。一世代前の他社の女性役員が浜田さんに「政治力を身につけなさい」とアドバイスするところ。その女性役員は、ゴールがその企画やプロジェクトを実行することなら、「そのためにどうすべきか考えるのは戦略」と浜田さんに説いたのだ。

〈当時の私は男性社会のルールにおもねるようにも思えて、すんなり理解した訳ではなかった〉。が、しかし次第に会社側に立って考え、会社がゴーサインをだしやすいようなロジックを組み立てるようになった、と書いている。

女性役員が従っていたのは「男性社会のルール」ではなく、「駄目な組織のルール」だろう。やっぱり中身の結果で、周囲を説得させていくことができるのが、この仕事の素晴らしさだ、と言いたくなったんだけど、大所高所にたった論よりはずっと面白かった。

浜田さんは独立してから、女性の地位向上をテーマのひとつとして活動している。そこでひとつ元編集者として提案したい。

それは女性の地位が向上すると、どのような変化が組織や社会にあるか、そこを書いてほしいということだ。

「新人記者に向けて」という特集の中で共同通信の女性の社会部長が、「全国の地域ごとの男女平等の度合いをデータで可視化する」という「都道府県版ジェンダー・ギャップ指数」を記事配信する試みについて紹介している。

このジェンダー・ギャップ指数というのは、たとえば政治だと、議会の女性議員の数を男性議員の数で割る、つまり1に近いほうが男女平等だ、というわけだ。

実は、私はこの報道には不満だった。というのは、私が地方で読んだその記事は、女性議員の数や各分野の指数を数字として報道するだけで、なぜそのようになっているのか、が書かれていない。男性のほうが優れていると思っている人々が、いくらこうした記事を読んでも動かされることはないのではないか、と思ったのだ。

あとでその社会部長に確かめると、数字の意味を読み解いたものも4本出稿していたが、使った社は少なかったようだ。その4本をまとめたネットの記事も読んだが、そもそも女性比率が高いことで、どのような変化がその地域社会にあるのか、そこをデータ報道と足を使って独自にほりさげてほしいと思った。

日経電子版の「データで読む地域再生」（2021年5月14日付）では、全国の自治体別に管理職の女性割合の変化を、２０１０年から２０２０年まで地図上でクリックするとわかるようにしたうえで、女性管理職が増えた自治体というのは、実は人口増との相関関係があることを明らかにしている。〈地方では若い女性が東京など大都市圏に流出、人口減と経済低迷に拍車をかける悪循環になっていた〉

確かに男女同権は憲法でも定められている。しかし、そこをいまだ納得していない人がいるから、浜田さんが本で指摘しているような差別事案が繰り返されるのだと思う。たとえば、女性の管理職比率と、企業の業績の相関関係を調べてみるというプロジェクトはどうだろうか？　仮に、女性の管理職比率が上がると、業績が下がるという相関関係が結果として出てきても、そこから問題を考えることができると思う。

自分で企画をたてることの素晴らしさはそこにあり、今の新聞が袋小路になっているのは、ＳＤＧｓにしても女性活躍にしても、歌舞伎の定番のように前提を疑わない企画がパターン化しているからだと思う。絶対正義というものはない。そこを疑うことで新たな進歩も生まれてくる。

2023　5・9

この記事を共同通信の内部でどう読んだかを、さる人を通じて聞いてみたが、「下山さんは古いという評価でした」とのことで、がっかりした。

ただし、地方紙の知り合いからは複数「よく書いてくれた」とも連絡があった。

そうした共同通信を尻目に、独自のデータ報道にとりくむのが、秋田の県紙「秋田魁新報」である。

次章では、「持続可能なメディア」につながる試みをしている地方メディアについてとりあげていきたい。

石川の県紙「北國《ほっこく》新聞」、鳥取県西部のケーブルテレビ局「中海テレビ放送」については、特に深掘りをする。

第5章

地域メディアの挑戦

1　新生児の数が9割減！ 秋田魁が挑んだデータ報道

記者クラブにはりついて、官僚や警察官の情報をとって彼らが発表する前に書く「前うち」。日本の新聞社は、戦後ずっと、この「前うち」ができる記者が出世するシステムでやってきた。しかし、インターネットとスマートフォンによって、プラットフォーマーがニュースを無料で提供するようになると、この「前うち」の競争力はなくなった。

だから、そのメディアでなくてはできない独自のコンテンツを有料デジタルの形で出すことがメディアの「持続可能性」に直結する。

このコラムで繰り返し書いてきたことだが、秋田魁新報が、元日から始めている「若者のミカタ」は、「前うち」から離れた自由な発想による優れた企画だ。

5年ごとに行われる国勢調査、この発表が、昨年（2021年）11月30日にあった。これは各都道府県庁で行われ、地方紙の記者はそこでリリースをもらってレクをうける。

しかし、実は、国勢調査は、生データの宝庫だ。

デジタル部の斉藤賢太郎（2005年入社）は、各世代別の人口データが、各自治体ごとに国勢調査にはあることに着目。1950年以来、各都道府県の世代別人口がどう推移したかを、調べてみることを思いつく。

やってみたら衝撃的な事実にいきあたった。問題は、現在の高齢化率ではなく、実は若い世代が秋田を離れていってしまうことこそが課題なのだということがわかるのだ。

秋田県の2020年の20代人口は約6万1000人で、1950年に比べて、なんと71・5パーセントも減っていた。この減少率を他府県と比較すると、だんとつの一位。

2020年に秋田県で生まれた赤ちゃんの数は約4500人で、1950年に比べて9割近く（！）減ってしまっていることもわかる。

秋田魁は、昨年11月から正月企画のチームが社会部遊軍の三浦ちひろ（2004年入社）を中心に立ちあがっていた。人口減少についてやろうということが決まっていたが、企画の方向性をどこにおいたらよいかで、途方にくれていた。実は人口減少の問題は、高齢化の問題として秋田魁では20年前から何度もやってきていた。

斉藤がやったのは、公開されたデータを地域別や、年代別に比較することで、大きなトレンドをみつけだすオシント（Open Source Intelligence）という方法である。

三浦ちひろが、斉藤を取材班にひっぱりこみ、企画の方向性はにわかに斬新なものとなる。

老人を対象にするのではない、むしろ若者こそを対象にしなければならないのだ。その若者がなぜ、秋田を離れていってしまうのか、そのことをほりさげよう。

斉藤賢太郎は、数字に魅了された記者だった。

秋田で新聞記者をやるとなると、高齢化が進む県なので、介護や福祉の現場の話を取材することが多くなる。斉藤はこうした取材をくりかえすうちに、ひとつの支局の個別事例ではなく、もっと全県的な比較ができないかと考えるようになった。

最初にやったのが、秋田県下の自治体の介護保険料の比較だ。保険料が値上げされると聞いた2012年3月に、20市町村の基準月額を比較した。もっとも高い藤里町で5980円、最も安い東成瀬村で3970円。年間で2万4120円もの差があることがわかった。この独自調査は、2012年3月17日の一面トップを飾る。

斉藤はその後、2013年から東京支社に異動になる。ここで気がついたのは、地方紙はすべて中央では、テーマをもって取材をしているということだった。秋田の場合は何かと斉藤は考えて、やはり少子高齢化だということになった。

しかし、当時は、政府統計のネット上の総合窓口になっているe－Ｓｔａｔを見ても、何をどう探したらいいか、どう加工したら記事が書けるのかがわからなかった。

転機になったのは、その後秋田県北東部の鹿角《かづの》支局に赴任した時代のことだった。この鹿角市には、日本総研の藻谷浩介が毎年訪れ、町おこしのための講演をしていた。斉藤は講演会のあとの懇親会で、藻谷に相談する。

「自分もデータを使って何かをやりたいと思うんですが、うまくできないんです」

藻谷の答は明快だった。

「変数をたくさんおくような解析は必要ない。足し算、引き算ぐらいの感じのほうがいい。それに自分は、足で歩いた自分の感覚をいれている」

このあと、斉藤は、藻谷と組んで、「次世代再生力」という独自の指数をつくって、記事を書く（2019年4月12日朝刊）が、そのときの素養が、今年の正月企画にも活きる。

20代の人口の減少だけでなく、20代女性の人口の推移と出生数の相関を日本全国でとると、全国でもっとも20代の女性の減少率が高く、それと相関して子供も生まれなくなってきたことが、はっきりと比較と数字の中に浮かび上がってきた。

若い女性はなぜ、秋田を離れてしまうのか？　斉藤がたまたまみつけてきた民間の調査機関のレポート「地方創生のファクターX」では各分野の「寛容度」が47都道府県別にランキングされていた。

秋田県の「女性の生き方」に関する「寛容度」は全国最下位の47位。

そのレポートを見た取材班の女性記者たちは色めき立つ。「これ、これ」「よくわかる」。

そのうちの一人三浦ちひろは、入社時にこんな言葉を幹部からかけられていた。

「女はどうせやめるからな」

データ報道は女性が働きやすい職場もつくる

秋田魁新報・デジタル編集部の斉藤賢太郎がみつけた調査レポート「地方創生のファクターX」(LIFULL HOME'S総研)。このレポートは、沖縄が雇用や所得の面では全国ワーストにもかかわらず、Uターン率が70・9パーセントと全国でダントツの1位であることはなぜだろうか? という問いかけから始まる。所得や雇用、持ち家率といった経済的指標以外の指標を、地方創生を考える際にはもうけてみる必要があるのではないか、という仮説から、このシンクタンクは「寛容性」についての調査を行っていた。

「女性の生き方」「家族のあり方」「若者信頼」「少数派包摂」「個人主義」「変化の受容」という6つの指標をさだめて、質問を決め、47都道府県別にインターネットによる調査を行い、各都道府県ごとに400人、合計1万8800人の回答を集計した。

秋田は「女性の生き方」や「若者信頼」で47都道府県中最下位。総合でも46位と低かった。

女性記者たちが、「これすごいわかる」と声をあげたのも、彼女たち自身もそうした経験をしてきたからだ。

三浦ちひろの場合だと、男鹿の支局長として赴任をすると、「なんで結婚しないのか？」「家庭はどうする？」といった質問を女性の支局長が珍しかったのか、頻繁にされた。

元日に始まった企画「若者のミカタ」は斉藤がデータ報道を駆使して、秋田でいかに20代の女性が定着しないのかを、47都道府県の数字の比較のなかで、印象づけた。3日からは、取材班の女性の記者たちが個別のケースを収集し、展開していく。

「秋田では女性が子供を産まずに独身でいることは罪なのか、と思う」

「個人的なことを詮索したり、批判したりが日常茶飯事。聞いていて苦しくなる」

「トイレ掃除、来客へのお茶だしは全て女性の仕事」

といった声が紹介されていく。

三浦ちひろは、秋田の出身、大学は東北大学の文学部に進学した。出版社や新聞社を志望したが、卒業の2004年は就職氷河期にあたり、募集が極端に少なかった。たとえば河北新報はこの年新卒を募集していない。

秋田魁新報は、現在でこそ女性の記者は20人にまで増えたが、管理職は最高位でも部長代理が2名。

しかし、そうした男性主体の職場も、「若者のミカタ」のような記者クラブを離れた独自の視点による報道が主流になってくることで、変わっていくだろう。

ある全国紙の40代の女性記者が、「支局を経験して、本社にあがる中で、子供をつくる機会を逸した」と語っているのを聞いたことがあるが、「前うち」を主流とするような取材体制は長時間労働を強いる。それが変わることで、新聞社内の多様性が育まれる。

そうした多様性が企画にも反映され、そこでなくては読めない記事が生まれてくる。

日本経済新聞では、夜10時の編集局は人はおらず、森閑としているということを、前著で書いたが、これも、夜討ち、朝駆けをやめ、記者たちが独自の報道に力点をおくようになったからだ。

たとえば日本のデフレを、海外との実勢価格と比較することで浮き彫りにした「安いニッポン」の企画は、地方紙から日経に転職した女性記者が取材班の中心になった。

優れた企画は、うまくいっている社の企画のやりかたを吸収することからも生まれる。

たとえば三浦ちひろは日経の電子版を購読しており、「データで読む地域再生」のシリーズは必ずチェックしているという。

日経の電子版が、コロナ禍の2020年から2021年にかけて10万人ちかく契約者数を増やしているのは、この「データで読む地域再生」によって地方の読者を獲得しているからだと言われている。

その地特有の現象をとらえるにしても、地方紙によっては、取材が県内で閉じているので、なぜそうした現象が起こっているのかが分からないものも多い。

斉藤が今回行ったデータ報道は、他府県との比較によって、秋田の場合の人口減少の理由をユニークな「若い女性」という切り口で、はっきりと浮き彫りにした。

その現状を、三浦ら女性記者が現場で取材をしているということになる。

社会地域報道部長の松川敦志からは、今後の展開について「何か解決のヒントになるようなものを」という注文がきていると三浦は言う。

現在連載は、秋田での若者の雇用の現場を活写する第2部まで進んでいる。連載を担当するデスクの喜田良直は手応えを感じ、第7部までやりたいと言う。

喜田と話をしたが、たとえば、秋田の国際教養大学について1部をまるごとついやしてもいいのではないかと提案した。国際教養大学は秋田県が設立した公立大学だが、早稲田や慶應を蹴ってくる学生も多く、県外そして海外からも多くの学生が集まる。しかし、その国際教養大学を卒業した学生が秋田に残らないのはなぜなのか？

あるいは、このあとは、課題解決型の報道にふる手もある。

では、その女性に対する不寛容をどうしたらなくせるのか、を具体的に魁が秋田の女性ともに考え、提言していくような企画だ。
こうした広がりをもつようになると、新聞社が地域のプラットフォームとなって欠くべからざる存在になっていく。

2022 2・14、2・21

斉藤賢太郎は、2024年4月にデジタル編集部長に昇格した。女性記者の数は25人にまで増えた。

2 部数を減らさない新聞「北國新聞」の研究

2022年11月に身罷《みまか》った私の母は、茶を嗜《たしな》んでいた。専業主婦で4人の子供を育てたが、子供の手が離れてから、50代になって、九州大学の院に入り、千利休の秘伝書として伝わった古伝書『南方録』の研究をし、60代以降は、茶道を自宅で教えていた。

その母がお茶に触れることになったのは、もともと母の家が金沢の家系だったからではないかと気がついたのは、2023年3月の下旬に、生涯三度目の加賀入りをしたからだ。私の母の家「奥田家」は、加賀藩士の家とは聞いていたが、今回初めて、奥田家に伝わる文書のたぐいを叔母から入手し、ルーツを訪ねる旅をした。その旅の伴走者は、石川県の地元紙「北國《ほっこく》新聞」。

同紙に講演に呼ばれたわけだが、金沢に入る前に、3週間紙面を送ってもらって気がついたのは、同紙が、「金沢の歴史と文化」をとことん重視して掘り下げ、どんな大きな全国ニュースがあろうと、一面で展開していたことだ。

たとえば今年（2023年）2月10日の一面トップの記事は、『「加賀茶道」振興へ調査』という記事だ。〈茶道は藩政期からの歴史に裏打ちされた石川の文化として浸透している〉として県が茶道人口や指導者の数、茶室や茶会の状況を調べることを報じたもの。

編集局出身の専務取締役の小中寿一郎《こなかじゅいちろう》は「うちの紙面の評価は、他の地方紙や全国紙からは低いんです」と自虐めいて言うが、しかし、同紙のABC部数の推移を調べてみて驚いた。

北國新聞は一面に共同電をほとんど使わない。かならず地ダネ、しかも、文化や歴史といったトピックスが一面をかざる。

２０１３年まで紙の新聞の部数を伸ばし続け35万部強、以降はゆるやかに部数を減らしているが、ピーク時から9パーセントしか減らしていない。

同じＡＢＣ部数でみても、朝日新聞は、ピーク時が２０００年の８３０万部、それが現在では４００万部を切っているから、5割減。地方紙やブロック紙でも約３割の部数を失っている。

北國新聞が今なお石川の人々に多く読まれているその理由は、確固とした「編集」マインドによる「歴史と文化」をわがこととする紙面にある。

私のルーツを探る旅と「北國新聞」を重ねながら、ヤフーなどのプラットフォーマーに頼るのではない、独自の編集方針が、

「持続可能なメディア」にとっていかに大事かを考えていきたい。

私のルーツを北國新聞とともに訪ねる旅

私の叔母の家にあったのは『松坡遺稿《しょうはいこう》』という私の曾祖父奥田頼太郎の遺稿をまとめたものだ。「松坡」というのは、頼太郎の茶名。安政6年（1859年）生まれの頼太郎も茶をやっていたのである。

この頼太郎の手記はめっぽう面白い。

もともと、奥田家は、今の名古屋の出で、織田信長の次男織田信雄に仕えていた。関ケ原合戦のおりは、福島正則と竹ケ端城を攻め、その際の武勲で、名古屋を地盤にしていた前田家の目にとまり、前田利家から数えて三代目の前田利常に、馬廻り役として三百石でめしかかえられたのが元祖奥田次郎兵衛とその手記にはある。三百石の石高があれば、当時の加賀藩では、300坪の屋敷をかまえられたから結構な石高だ。

が、この次郎兵衛「気立て極めて荒々しく」「争闘して」「何かの間違いにて何人かを殺害せられたり」。その争闘の理は次郎兵衛にあると沙汰があったが、しかし、「喧嘩両成敗とて（中略）その罰として食禄を召し上げられ浪人となりし」。

二代目の正親の代になって、前田侯の家臣伴氏（五千石）の客分となったが、やがてその家来となって、頼太郎の父の第八代の悉以の代で明治維新を迎えた、とある。

頼太郎は江戸時代から近代明治を生きた人で、その人生は波瀾万丈だ。8歳で伴八夫という当主に仕えて雑用をしていた。維新後、伴氏は落ちぶれたが、一族とすれちがうと、道端に下がって土下座する習慣がなかなか抜けなかったとも書いている。

明治11年（1878年）に大久保利通を暗殺した杉村文一、島田一郎らと友人だったため、当局からの嫌疑をうけたりもした。教師などを務めるかたわら政治結社の結成にかかわった。当時の厳しい取り締まりのなか、演説会をひらいて中止をさせられたことを不服として警察署に直訴したり、検挙を逃れるために船で佐渡島に逃げたりと、喧嘩両成敗で浪人となった初代の血をどうやらうけついでいたように見える。

この頼太郎は後に、今の七尾高校（当時は七尾中学）の初代校長になるのだが、その校長時代にあった息子の立夫（40歳の時の子で私の祖父である）の「二心事件」での立ち回りが痛快だ。

立夫は、海軍兵学校と陸軍士官学校の両方に合格したが、それが「二心がある」とされその合格を取り消されてしまった。頼太郎は中学校の校長会が東京であったおり、陸軍大臣田中義一に面会を求めた。青少年の教育に興味をもっていた田中はこれに応じたが、その席で、「海軍の試験をうけたことを理由に陸軍は学生の合格を取り消している」と問いただしたのである。田中が答える前に、左右にいた部下たちが、「そのような考えは陸軍にはない。それはあなたの考え違いだろう」と口々に頼太郎を責めたてた。

〈予はしからば、その実例をあげんと、一昨年立夫が受けたる侮辱をときたるも、彼らは多勢をたのみて、予の言をうちけさんとせしにより、予も大声を発して抗論せし〉

頼太郎は、自分の名刺に立夫の文字を書き、陸相である田中に渡して、その場を辞すのだが、大正デモクラシーの原内閣の時代であったとはいえ、その行動は破天荒だ。

その頼太郎の墓は、金沢市内の常松《じょうしょう》寺にある。初めてその墓を訪ねるのにあたって手伝ってくれたのが、北國新聞編集委員の竹森和生だ。

「金沢はお茶の街であり、武士の街であり、軍都でもあった。観光の街ではないんです」

地方紙の読者は「じわもん」を欲している

曾祖父奥田頼太郎の墓は金沢市内の有名な観光スポット忍者寺（日蓮宗妙立《みょうりゅう》寺）のすぐ近くの曹洞宗常松寺にあった。前住職の山崎邦明が親切に出迎えてくれ、お経もあげてくれたが、墓にはここ10年以上訪れる人もなかったという。

同行してくれた「北國新聞」編集委員竹森和生は言う。

「一向一揆が治めていた加賀を柴田勝家が滅ぼし、その柴田も秀吉に滅ぼされ、前田家が治めるようになった。その前田家が信奉したのが曹洞宗。いわば武家の宗派で、このお寺にお墓がある家はみな加賀藩士」

明治維新によって、廃藩置県があり、藩士たちはちりぢりとなった。前住職の山崎によれば、そうした流れの中で、檀家は減り続け、今では50ほどに減ってしまったという。先々代の住職は、手入れをすることもなく荒れ果てた墓に業を煮やし、墓場の敷地の土を全部コンクリートで固めてしまった。

前住職が本堂の中を案内してくれ、そこには、常松寺由来書という文書があった。前田家家老の山崎閑斎の宅地のなかに1601年に建立されたのをその始まりとする、という。

「山崎閑斎は前田の有力家臣です。関ケ原で武勲をたて、1万4000石を封じられました」（竹森）

竹森はこの常松寺のあと、武家が茶屋遊びをしたその当時の町並みが残る「ひがし茶屋街」を案内してくれた。

「ここの地区は、2001年、伝統的建造物群保存地区に指定されるんですが、地元の人たちはずっと反対していたんです。地元の人たちにとっては、ただ生活している場で、そ

「『百姓ノ持タル国』の百年」の執筆者の一人でもある編集委員の竹森和生。金沢のひがし茶屋街で。金沢や能登の歴史文化を研究したうえで、紡ぎだす過去の連載には、朝日の外岡秀俊を彷彿とさせるものがある。

んな地区に指定されて、観光名所になったりすると、家の中を覗き込まれたり、入り込まれたり、うるさくなったりしてかなわない、という言い分でした」

そこをなんとか説得して保存地区に指定されたのだが、竹森によれば、「そこが金沢が京都と違うところ」と言う。

「こうした武家の時代から続く古い町並みは自分たちが楽しむもので、観光のためによそに見せるものではない、というのが地元の人々の意識です」

竹森は、2022年に「美《うま》し金澤」という「金沢とは何か」を考える連載をもった。その中で劇作家の山崎正和の言葉を引きながらこんなことを書いている。

〈ここで再認識しておきたいのは、金沢の本質が「文化の自家消費」にあるという点だ。金沢言葉で言うならば、「じわもん（自椀物）」で文化を味わう、ということになろうか〉

実はこの言葉はそのまま「北國新聞」の編集方針にもつながる。

私はずいぶんと地方紙をみてきたが、いつも不満に思っていたのが、なぜ共同通信の全国ダネや国際ダネを歌舞伎の十八番のように、一面に持ってくるのか、ということだった。これでは、全国紙と変わらないし、共同の記事は、それぞれの県の読者にむけて書かれたものではない。

しかし、「北國新聞」は、共同の記事を一面に使うことはほとんどない。一面には平気で地元の記事しかも文化や歴史についての記事が掲載される。それは、石川の読者は「じわもん」で味わいたいことをわかっているからだ。

また、一面以外の記事も、アングルに工夫のある記事が多い。たとえば2023年3月9日には、金沢の全小学校で飼育されているうさぎの数の推移を調べて、5年で半減したことが社会面で大きく扱われている。記事は、教員の「働き方改革」との関係のなかからうさぎ飼育の減少を分析しているところがみそだ。

ようは、記者の創意工夫がある記事を大きく扱うのだ。だから面白い。

編集局出身の専務小中寿一郎《こなかじゅいちろう》の「新聞界で北國新聞の紙面は評価されていない」という自虐を紹介したが、その理由は、原発問題などで保守的な立場（北國新聞に言わせれば現実的な立場）をとってきたからだろう。が、そのことだけで判断するのは、そもそも判断する側がある価値観にからめ捕られているからだ。

大分合同新聞の編集局長の下川宏樹は大のプロレスファンで、地元大分のプロレスの試合結果を、新聞に載せたがっていたが、果たせていない。新聞にはむかない、という「常識」に逆らえなかったからだ。

しかし「北國新聞」は違う。

今年（2023年）1月3日の一面には日本武道館で行われたプロレスリング・ノアの

試合がでかでかととりあげられている。プロレスラーの馳浩知事が参戦したからだ。ジャイアントスイングで、相手レスラーを振り回す馳の写真の脇にはこんな川柳が短冊の見出しで斜めに入る。

〈県政は振り回さないで馳浩〉

前田家によって京都から持ち込まれた茶道は庶民にも広まった。竹森によれば、今も普通の家々で茶をたてる習慣があり、取材のときに抹茶をご馳走になることもあるという。ああ、そうした金沢の文化が受け継がれて、母も茶を志すようになったのだな、としみじみとした気持ちになった。

そして歴史。4月下旬から竹森らがとりくむ新連載は、前田家の前の時代になる。金沢は武家の街であっただけでない。その前は百姓の国だった。それを掘り下げる。

加賀一向一揆。連載のタイトルは、この地を訪れた蓮如上人の息子実悟の書いた『実悟記拾遺』の記述からとっている。

「『百姓ノ持タル国』の百年」

「北國新聞」、その編集は融通無碍《むげ》。

2023 4・4、4・11

北國新聞

1月3日(火)

序章 王国支える「美術館」

美術王国 1 北國新聞といしかわ美術館

宮田前文化庁長官と巡る 上

1階に「森羅万象」の志

23年度５年生、24年度６年生

24年度 全学年35人学級

県内公立小、国計画１年前倒し

学力維持、向上図る

馳知事 元日サプライズ参戦

「初仕事」はプロレス

県政は振り回さないで 馳浩

青和病院

2023年１月３日の一面には、プロレスが登場。

実はこのコラムは炎上した。

この北國新聞は、他の新聞社や記者から嫌われている新聞社でもあった。「(部数が維持されているのは) 記者も部数拡張のノルマを課せられているからだ」「知事べったり、自民党べったりの新聞」等々、Xの匿名記者アカウント等で散々にコラムと北國新聞を酷評されたのである。

直後に行われた報道実務家フォーラムの席上でも、「下山さん、北國新聞はないよ」と面とむかって批判されたりもした。が、そう批判をしている人に、北國の紙面を読んだことがある？ と聞くと、肝心の紙面を読んだことはないのだった。

その紙面を郵送でとりながら、研究をしていたのが、第1章で苦闘する地方紙としてとりあげた高知新聞の編集局長の山岡正史だった。

山岡も紙面を継続して読んでみるまでは、北國新聞のことを「北朝鮮のような新聞社」という業界の評判をうのみにしていた。

が、その紙面に触れているうちに、これは特別な新聞だと思うようになっていったという。

その一面はカラー印刷で地ダネしか載せない。共同通信の記事はない。北國新聞の地ダネは、単に発表をのせているのではなく、独自のアングルがある。たとえば、富山と石川の県民性の違いを論争するようなプロレス的な記事をのせて、読者をまきこんで興奮させている。ところが高知新聞の整理部の人間に見せると「折り込み広告のようですね」とまったく評価をしなかった。

編集局長だった山岡は、どうすれば高知新聞の部数減をくい止められるだろうか、と必死だった。高知新聞も一面を地ダネだけでできないか、そう苦心したこともあった。感心した北國新聞の記事を記者たちに回覧したこともあった。

が、高知新聞の場合出稿される記事が発表もの、もしくは「前うち」的なものが多く、「一面にもってくるには弱い。なのでどうしても一面には共同電が載《の》る」（山岡）。

そのうちに、山岡は北國新聞の若い編集局長の坂野洋一《さかのよういち》と親交を結ぶようになる。

坂野に、その編集術を聞き舌をまくことは多かった。他が何と言おうと、石川でどういう記事が読まれるか、を徹底的に実践していると感じた。

２０２４年正月、能登半島を巨大地震が襲った。北國新聞は震災下の地元紙として、この災害を全力で報道することになる。

3

能登半島地震　地元紙「北國新聞」のいちばん長い日

元日は、新聞記者にとっても一息つける日だ。元旦の朝刊が出てしまえば、3日の朝刊までは、最低限の人員を番としておくだけで、幹部も休みをとる。

石川県の県紙「北國《ほっこく》新聞」の編集局長坂野《さかの》洋一《よういち》も、金沢の南にある能美《のみ》市の妻の実家で子供や妻の両親とともにのんびりと正月休みをとっていた。

最初に16時6分の揺れがきた。体感でもかなり大きな地震だった。すぐにスマホから編集局にいる当番デスクに電話をした。

「けっこう大きな揺れだったけど、速報をださなくていいかな」

相談をしていると、今度は16時10分にもっと大きな揺れがきた。テレビはNHKをつけていたが、津波警報がすぐに流れ、アナウンサーが絶叫し始めた。珠洲にあるNHKの固定カメラに切り替わり、なんだろうか煙のようなものがたちのぼっている。

揺れがおさまるのを待ってもう一度デスクに電話をした。

「これから社に向かう。まず現場の安否確認をしてくれ。津波がくる。絶対無理をしない

編集局紙面会議。中央が編集局長の坂野洋一。卓上には、１月２日の特別夕刊の紙面が広げられ輪島に２日午前３時前に入った三上聡一の朝市の火災の写真が見える（写真：北國新聞）

ように」

「北國新聞のいちばん長い日」はこうして始まった。

正月休みで現場に誰もいない

「北國新聞」は、ＡＢＣ部数でみても、２０１３年まで紙の新聞の部数を伸ばし続け35万部強、以降はゆるやかに部数を減らしているが、震災前の時点でピーク時から９パーセントしか減らしていない「もっとも部数を減らしていない新聞」だ。これは、たとえば朝日新聞がピーク時の２０００年で８３０万部、２０２３年12月にはそれが３５０万部強まで減っている（58パーセント減）ことを考えれば、いかに驚異的な数字かがわかるだろう。

その理由について前章では、北國新聞でしか読めない記事ということについて徹底的に考えた編集方針にある、と書いた。たとえば、他の地方紙のように共同通信の記事を一面で使うということはない。そのかわりに、一面は、徹底的に地ダネでいく。石川県は文化と歴史の地だから、お茶や美術の話もバンバン一面にくる。

これは少し考えれば合理的な判断だ。読者はＮＨＫやＮＨＫ ＮＥＷＳ ＷＥＢで、共同電が流すような国際ニュースや中央のニュースを見ることができる。そうであれば、「北國新聞」にしかできないことに特化していこうということだ。

この編集方針は、１９９１年に社長・主筆に就任した飛田秀一によって打ち立てられたものだ。飛田は、地元政界や経済界に大きな影響力をもち、30年以上にわたって代表取締役（２０１２年からは会長）と主筆を務めて同社に君臨してきたが、右腕となった温井伸とともに、取締役を退任することを、昨年12月26日に北國新聞社は発表したばかりだった。

坂野が北國新聞社の5階の編集局に入ったのは、17時30分をすぎていた。

編集局長室に入ると、1月4日の取締役会と臨時株主総会で選出される新役員の中核メンバー、砂塚隆広《すなつかたかひろ》（現代表取締役社長）、小中寿一郎《こなかじゅいちろう》（現代表取締役専務）、吉田仁《ひとし》（現常務）がいた。

特別号外を出すことは、このメンバーですでに決められていた。

臨時株主総会は4日だが、この震災は新体制でとりくむことになる象徴のような景色だった。

坂野は締切り時間とページ数をまず決めなければならない。

昨年（2023年）5月5日の地震の際の特別号外は、21時締切りで4ページだった。それにならって、まず、今回も21時締切り、4ページと決めた。

締切りまで3時間あまり、しかし、その時点で記事も写真も何もないのだ。しかも今回の地震でもっとも被害をうけているらしい奥能登の二市（珠洲《すず》市、輪島市）の支局、総局が正月とあってほぼ空っぽだった。

輪島総局長の村上浩司は金沢市で親族と過ごしており、珠洲支局長の山本佳久は北陸新幹線が延伸する敦賀駅を見に行っていた。輪島に滞在している記者は地震発生の時点でゼロ、珠洲も4月に入社したばかりの一年生記者の谷屋《たにや》洸陽《こうよう》がただ一人いるだけだった。

坂野はそのことにまず焦った。はたして地元紙らしい紙面がつくれるのだろうか？

共同通信経済部の女性記者がたまたま輪島に帰省しており、地震発生直後の16時50分に撮影した地割れに座り込む人々の写真がまず入ってきた。これは使える。

そして、次に坂野が見せられたのが、おしよせる津波を正面から撮影した写真だった。

一年生記者の谷屋は、地震直後に珠洲市役所から海まで怯えながらも歩いていき、15

0メートルまで近づいたところで、防波堤を黒いものが乗り越えてくるのを見た。それをスマートフォンで撮影した写真が送られてきたのだった（谷屋は撮影後すぐに逃げて無事）。

これで特別号外ができた。坂野は、そう感じた。

こうして21時に降版した特別号外は、白山市の印刷工場で1万部を刷り22時30分までには、金沢を中心に各戸投函の形で配られた。

この時刻には、まだ輪島には記者は誰もいない。

社会部兼写真部の三上聡一《としかず》は、16時30分には輪島にむけて社を出発していた。金沢市内にいた輪島総局長の村上も任地に戻るため金沢市内を出発していた。他にも輪島に入ろうとした記者はいたが、2日未明までに輪島に入れたのは三上だけだった。

というのは、能登半島のくびれに位置する穴水町から奥は、道路網がずたずたになっており通行がほとんど不可能だったからだ。たとえば村上の車は路上の大きな割れ目にはまり、タイヤがパンク、車中泊をすることになった。三上が奇跡的に輪島の朝市の火災現場に到着したのは、金沢を出発して10時間後、2日の午前3時前だった。

黒い夜空に炎を轟々と吹き上げる地獄のような風景がそこにはあった。

2日の朝、編集局に出勤した坂野はこうした写真をみているうちに、新聞休刊日の2日

北國新聞社の支局網

■ 支社　● 総局　● 支局

にも、特別夕刊をだすことを決断する。

三上には、サイドの記事を書いてもらうことになったが、ここで坂野は、「自分が見たまま、感じたままを書け」という指示をデスクを通じて出す。

北國新聞の記者たちは能登に故郷を持つものもいる。人も知っている。その能登がたいへんなことになっている。地元紙が被災地の記事を書くのに、賢しらな客観報道などいらない。自分が見たままを書け。そう、坂野は指示をだして、3日の朝刊は社会面を2面まるまる使って、奥能登の珠洲、輪島、能登、穴水の様子を現地の記者たちの署名ルポで埋めることになった。

奥能登二市二町の新聞販売店の安否

編集局が総力戦で紙面づくりをしているのと同じころ販売局は販売局員総出で、奥能登二市二町（輪島、珠洲、能登、穴水）にある新聞販売店の安否確認の電話をかけ続けていた。

その数45店。1万7000部強の部数がある。

1月5日までに43店まで連絡がついたが、どうしても店長に連絡がとれない店がふたつあった。このうち孤立集落のひとつである輪島市町野の販売所に記者がたどりついた。「二階建ての住居の一階がぺちゃんこに潰れている」との報告が写真とともに販売局に入る。

販売局長の清水隆行はその写真を見ながら暗澹たる気分になる。駄目か……。

加賀一向一揆と被災住民

石川県の人口は113万人（2020年国勢調査）、47都道府県で33番目、大分県とほぼ同じ人口の小さな県だ。

が、この県では、新聞がまだ頑張っている。

なにしろ、北國新聞だけではなく、北陸中日新聞、読売新聞の三紙が夕刊も出し、この三紙の普及率（全世帯の中で新聞をとっている割合）は7割近くになる。北國新聞の部数は震災前で31万部強、人口がほぼ同じ大分県の県紙大分合同新聞が16万部弱の部数だから、いかに北國新聞が「持続可能なメディア」を考える意味で重要なメディアかがわかるだろう。

今回被災がもっとも激しかった奥能登の二市二町（珠洲市、輪島市、能登町、穴水町）で、北國新聞は1万7千人の読者を持っていた。この読者の家に新聞を配っていた北國新聞の販売店は45店ある。集落がわかれているために、50や100といった小規模の部数を配る店もある。

元日に起こった地震で販売局長の清水隆行は、販売店の安否確認とともに、どう被災地に新聞を届けるか頭を悩ましていた。自宅と兼用の販売店が多いが、津波や倒壊、火事で3分の2の販売店が被災していた。また、被災していない販売店も、新聞を配ろうにも、そもそも人々が避難をしていて自宅に人がいない。なにしろ、1月の時点では、奥能登は下水道や電気、ガスといったものが全てやられていた。2日の特別夕刊から、販売局員が二人一組になって届けられる避難所に新聞を配ることが始まる。

こうしたなか、5日までに携帯が通じず連絡がとれない店長が二人おり、そのうちの一人畑中孝造（輪島市町野販売所）の自宅兼店は、一階部分がぺちゃんこに潰れている、という報告が現地に入った記者から届いたという話は、すでに書いた。

倒壊した町野販売所の写真を見ながら、販売局全体が重い雰囲気につつまれた。

その一時間後のことである。町野販売所を担当する販売局員の携帯がなった。

「畑中です。避難所にいて電波が通じず連絡ができませんでした。電波の届くところまででてきました」
販売局全体が大きな歓声にわいた。

「あの能登が」という心が伝わる

この1月5日は、編集局長の坂野洋一にとっても特別な日だった。あるメールが北國新聞社宛に届いていた。滋賀県在住の長田《おさだ》忠《ただし》という男性からだった。長田は、ネットのニュースを見ているうちに、心に留まる記事の出所がいずれも北國新聞ということに気がついた。

長田は製薬会社の営業として奥能登をまわった経験があった。「能登はやさしや土までも」という能登の人々の気性をよく知っていた。だから余計に自分に引きつけた記者たちの記事に感動した。

〈全国紙やテレビは震災地の震災状況を伝えますが、北國新聞の記者さんたちから伝わるのは、あの町や人がこんなになってしまったということです。

「あの能登が」という心を記者さんたちがお持ちだからだと思います〉

坂野は夕刊降版後の朝刊のための紙面会議で居並ぶ部長たちにこのメールを読み上げた。

不覚にも、読んでいる途中で声が震え、涙がこぼれてしまった。

みな、体力の限界まで働き現場は殺気だっていたが、このときばかりは、温かいものが皆の間に流れた。

前日の1月4日、新体制の選出が議題となっている取締役会、臨時株主総会が開かれていた。坂野は取締役でもある。非常時ではあったが、坂野によれば、粛々と議事進行し、90年代から2023年まで続いた飛田秀一以降の新体制が北國新聞社に正式に誕生していた。

加賀一向一揆までさかのぼりながら

昨年（2023年）春に私は北國新聞社の編集委員竹森和生と、私の母方のルーツを訪ねる旅を石川にしていた。その道すがら、竹森らがとりくんでいる連載の企画の話を興味深く聞いた。

北國新聞は、石川の歴史をさまざまな角度でこれまでも掘り下げてきたが、こんどの連載では加賀百万石のその前の時代をやるのだと竹森は言った。

現在の石川の文化は、茶にしても和菓子にしても、前田利家以降の加賀藩の歴史を色濃く受け継いでいる。その加賀藩については、これまで散々やってきた。そこで当時会長だった飛田がふともらしたのは、「前田以前の歴史をやったらどうだ？」という言葉だったという。

加賀一向一揆である。

加賀一向一揆は柴田勝家の軍に滅ぼされるまで100年続いた。が、いかんせん敗者の歴史は残らない、史料が少なくて苦労している、と竹森はこぼしていた。

が、昨年暮れに、竹森が送ってきてくれた130回の連載の切り抜きは、めっぽう面白かった。タイトルは、実悟という本願寺第8世法主蓮如の十男が書き残した史料に、「百姓ノ持タル国ノヤウニナリ行キ候コトニテ候」とあることから、「『百姓ノ持タル国』の百年」となっていた。

現代の新聞記者百生《ももせ》と、加賀一向一揆が滅亡した鳥越城にこもった信徒権兵衛がタイムスリップで互いの時代を行き来するという趣向のなかで展開していく。

これを読んでいると、地元の人たちは今に通じるさまざまな事象が、実は加賀藩だけでなく、一向一揆のころの習慣から連綿とつながっていることに気がつくのである。たとえば講という寄り合いによる合議はそのひとつ。

連載は、竹森を含めた3人の共同執筆だったが、そのうちの一人、坂内《ばんない》良明は、「百姓の国は立ち上がれる」というコラムを2月2日に書いている。輪島市内で道路が寸断されて物資の補給が途絶えた孤立集落を歩いた坂内は、意外に思う。〈もっと殺気立ち、絶望感が漂うさまを思い描いていたからだ〉。

「米はあるからね。野菜はその辺からとってくる」というばあちゃんの言葉を聞き、被災した家屋の修復の大工工事に励むじいちゃんを見ながら坂内ははっとする。

〈これは百姓だ〉

連載で、坂内や竹森は、百姓とはけっして農民を指すものではなく、さまざまな生業を持つ人々が一向宗で団結したのだ、と書いているが、こうした人々は「自主、自立」を基本としていた。

そうしたたくましさを震災後の孤立集落に坂内は見たのだった。

奥能登のうち、穴水町、能登町で戸別配達は3月1日から復活、珠洲市や輪島市も4月1日には復活したが、まだ相当数の読者は避難からそもそも自宅に戻ってきていない。

2月1日に続いて3月1日も編集局長の坂野は、「能登半島地震」のオールカラーのまとめをまるまる12ページを使って紙面構成した。

北陸中日は2ページ、読売は1ページだった。中央のテレビ局や全国紙は、すでに取材陣を引き揚げ始め、能登半島地震の扱いは小さくなっている。

4月1日の朝刊でも、坂野は「能登半島地震」の振り返り特集を12ページで組んだ。自分たちだけは報道し続ける、というメッセージでもあり、決意でもあった。

２０２４　３・18、４・１

北國新聞の編集局長坂野洋一が、震災直後に地方紙11社の編集局長が集まる「火曜会」という会議に現れたときの話を高知新聞の編集局長だった山岡正文が、私にしてくれた。地震発生からまもない時期だったから、誰もが北國新聞社は欠席すると思っていた。しかし、坂野は、金沢から上京した。短時間の滞在で金沢にとってかえしたが、北國以外の地方紙が、記者を派遣してくれたり、様々な支援をしてくれたことに、感謝をしたいからだと言った。

ここで坂野はこんな挨拶をしている。

「皆さんの北國新聞を見る目は、変わった新聞社だということを感じていた。確かに政治的スタンスやその編集は特殊だと思う。みなさんと同じではない存在だと感じていた。しかし今は様々なご支援をいただいて、同志なのだという思いで、本当に感謝をしている」

目にはうっすらと涙が浮かんでおり、出席していた山岡も胸に迫るものがあった。

北國新聞は群れることをしない新聞社だった。

北國の記者は他社の記者と飲みにいかない。

石川テレビの制作した映画が原因で知事が定例会見を開かなくなったことがあった。この際県庁の記者クラブが、総意として会見再開を申し入れをしようとした時も系列のローカル局とともに同意しなかったのが北國新聞だった。

だから嫌われる。


高知新聞社の山岡はその約2カ月後の2024年3月末に、編集局長職を離れることになる。自分は北國新聞のように、読まれる新聞をめざそうと紙面を変えようと試みたが、結局はやりきれなかったと、胸の痛みとともに、そのときの坂野の挨拶を思い出すことになる。

さて、持続可能なメディアということで話をすると、「下山さん、うちはニューヨーク・タイムズではないし、英エコノミストでもない」と尻込みしてしまう日本のメディアの役員が多かった。なので、「偏見を持たずにまずは紙面を継続して読んでくれ」と北國新聞の例は必ず紹介するが、もう一社紹介するのが、米子《よなご》の小さなケーブルテレビ局である。山陰の鳥取県西部の米子市、境港《さかいみなと》市、大山《だいせん》町など2市5町1村をカバー範囲としている。

ケーブルテレビ局と馬鹿にしてはいけない。何しろ、1989年の開局以来、2022年度決算までずっと増収できた会社で、従業員ひとりあたりの売上は一億を超えている。

そしてその基軸となったのが、「群れない報道」と「技術革新を受け入れるという姿勢」のふたつだった。

4　テレビ局全落ちの女子アナ志望者は故郷に帰った

大妻女子大学で環境学を学んでいた上田和泉《いずみ》は、どうしてもアナウンサーになりたかった。大学4年、キー局だけでなく、準キー局、日本全国のローカル局をうけ続けた。30数社。最後に残った広島のローカル局の面接が終わったとき、自分は落ちたと思った。そのときパンプスのヒールの踵《かかと》がポキンと折れた。心もポキンと折れたような気がした。

地元に帰ろう。上田は鳥取県米子市の出身。そこで、父親の縁故もあった「中海《ちゅうかい》テレビ放送」というケーブルテレビ局に就職することにした。

1999年4月、日本のテレビ局が、地上波こそ王様と考えていた時の話である。当時「中海テレビ放送」は、開局してから10年しかたっていなかった。ケーブルテレビなので、加入しないと番組を見ることができず、加入が可能な地域は米子市内だけ、加入世帯数はわずか1万3091世帯だった。

大きな挫折感を抱きながら地元のケーブルテレビ局に就職した上田だったが、この「中海テレビ放送」は他のケーブルテレビ局や地上波のローカル局とは決定的に違った点があった。それは、設立メンバーの一人である髙橋孝之《こうし》の考えで、独自番組にこだわっていたことだった。地域ニュース専門の「中海テレビニュース」と「中海チャンネル121」のふたつのチャンネルでは地元情報の独自番組のみを流していた。

地上波のローカル局は、「ローカル」とは言っても、自分のところでつくっている番組の割合は7~8パーセント。残りの時間は、キー局や準キー局の番組を流して埋めている。そのことに不満をもっていた髙橋は、米子市の加入者のためになる独自のコンテンツをつくることが、このケーブルテレビ局の存在意義になる、と開局当時から考えていたのだった。

中海テレビ放送売上推移

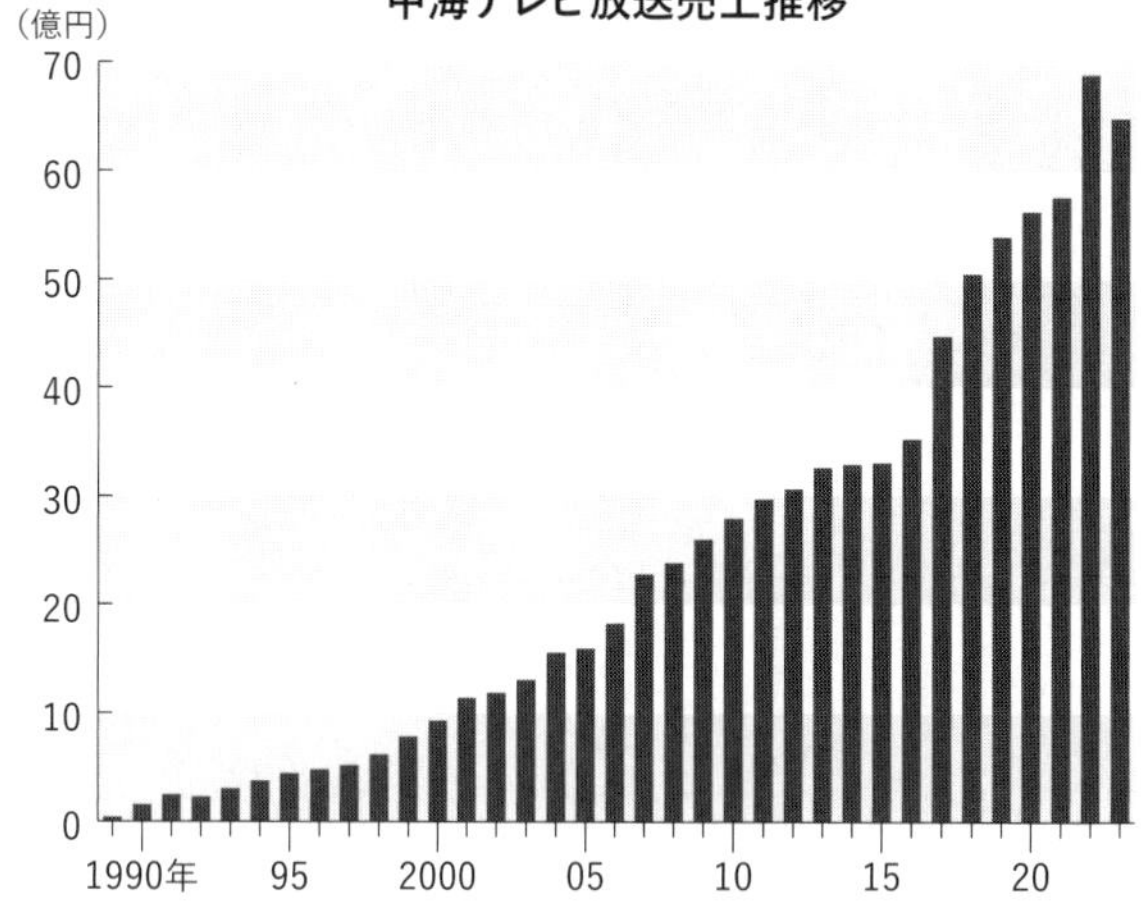

とはいっても、上田が当時配属された報道部の記者の数は5人。上田が入社する前は、カメラマンと記者が2人で取材する体制になっていたが、上田が入社した年の5月にビデオジャーナリスト神保哲生《じんぼうてつお》が米子にきて2週間の講習があり、記者がひとりでビデオをとり、原稿も書いて、編集をして、完全パッケージで出すという「ビデオジャーナリスト」方式が始まっていた。記者クラブにも入っていないので、ネタさがしから始まり夕方6時のニュースで何らかのニュースを出す。毎日帰宅は深夜の1時、2時になる。嵐のような日々でそのころの記憶はあまりない。

11月1日が開局記念日で、その日までに、同期入社の男性は辞めていた。彼だけでなく、仕事のきつさと給料の安さで、開局以来、多くの人が辞めていた。

が、この開局記念日のあとしばらくして、上田に髙橋から声がかかる。

「お前、大学で環境やっとったやろ」

ちょうどそのころ、宍道湖《しんじこ》と隣り合わせの汽水湖である中海《なかうみ》の干拓事業が、地元住民の根強い反対もあって、中止となり、そのニュースが全国紙の一面を飾っていた。昭和20年（1945年）には海水浴ができて、赤貝というぷりっとした身の貝が名物だった中海も、干拓事業の進展と、生活排水によって、下水の臭いがする、貝など漁獲すべくもない湖に変わってしまっていた。

「米子のことが、全国紙の一面に出るなんてことはめったにない。この問題を追うぞ」

髙橋のこの一言で、月1回の番組『中海物語』が2001年1月から始まった。上田和泉は、番組の記者兼リポーター兼キャスターとなる。髙橋がプロデューサー、日テレで番組をつくっていたフリーランスのディレクター、そして上田の3人で番組づくりが始まった。放送は毎月第2日曜日。専門チャンネルで何度もリピートする。

取材をしてみると、たとえば小中学生が通っているヨットスクールが、ボランティアで、月に1度湖岸のごみ拾いをしていたり、地元のいくつかのグループが独自に、中海の浄化にとりくんでいることがわかった。第1回はそうした人々を集めて、自分たちにとっての

「中海」を語ってもらった。

２００１年7月には、上田が実際にスキューバダイビングで、中海に潜るという企画があった。まったく泳げない上田は、島根のきれいな海で、潜水の講習をうけた後に、中海の水深7メートルの地点を潜った。汚かった。何よりも下水の臭いが口の中に入ってくる感じで、あがったあとも、いくらうがいをしても、3日はその臭いがとれなかった。

２００１年12月、番組に登場した地域の団体とともに、「中海再生宣言」を番組が掲げ、上田はそれを高らかに読み上げた。最終回のテロップがだされ、上田はやりきったという充実感とともに、しかし、一抹の疑問も感じていた。

でも中海ってきれいになっていないよね。

その最終回が、最終回でないことを知るのは、その直後のことだった。高橋が番組を続けるという。番組にかかわった放送ジャーナリストのばばこういちに、「中海は変わっていないじゃないか。このまま終わっていいのか」と高橋が直談判されたからだった。

今日まで20年以上にわたって続く、課題解決型の番組の誕生だった。

２００２年2月、出演者約20名が集まって行われた会議で掲げられた目標は「10年で泳げる中海にする」だった。

このどぶのような湖が？　無理でしょ。誰もが思った。

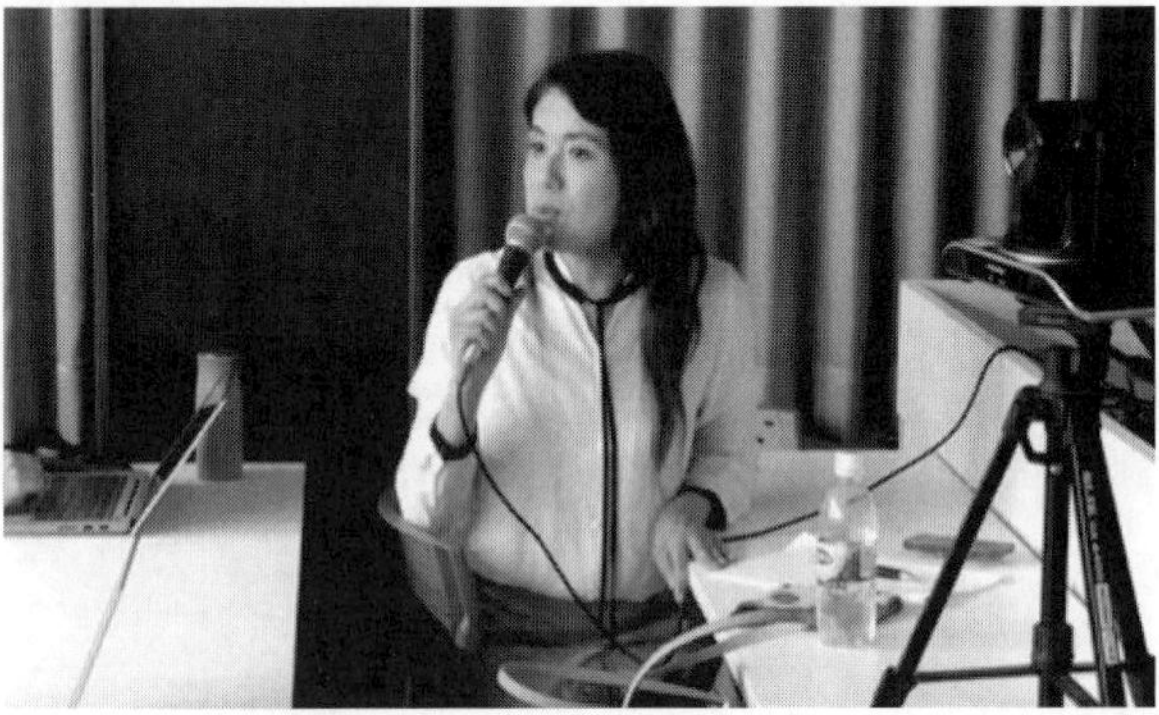

上田和泉。2024年６月、聖心女子大学の私の授業で、中海テレビ放送の報道について話す。

課題解決型報道

鳥取のケーブルテレビ局「中海《ちゅうかい》テレビ放送」の創設者の一人である髙橋孝之《こうし》は、もともとジャーナリスト志望だった。地元で就職しようとしたがかなわず、であるならば、と地元のローカル三局の下請けの制作会社をつくったのがそのスタートだった。

「中海テレビ放送」は、もう一人の創設者が営む「東亜青果」という野菜・果物・花等の卸しの会社の二階に１９８４年に登記された。地元の出資者を一口１００万円で募り、１７０の会社や個人が出資、資本金１億７０００万円で始まった。この果物屋の二階で５年間の準備期間のうえ１９８９年11月から放送が始まる。

最初の契約者数は100人。

しかし、最初から、髙橋は地元のニュースを独自に取材して出すことにこだわった。『中海物語《なかうみ》』が始まった2001年には、契約者数は約1万8000世帯になっていた。

ケーブルテレビ局で「放送」を社名にしているケーブルテレビ局は他にない。ケーブルテレビ局は、電波塔から電波を発して、個別受信機（テレビ）で受信をする「放送」ではなく、有線で番組を配信しているからだ。しかし、髙橋が「放送」という言葉にこだわったのは、地元の報道をやるぞ、ということを市民にわかってもらうためだった、という。

「しかし報道といっても、ただ起こったことを報道するだけではだめなんです。報道は目的ではない。課題を解決するための手段だ。だから、記者には、まず課題を見つけろ、と。そしてその課題が見つかったらば、それをどう解決できるのかを考えろ、と言ってきた」

上田和泉《いずみ》が発見した国道181号の事故多発現場の件もそうだった。2002年に高齢者の死亡事故があって取材したが、同じ場所で直近の5年間7人が死亡していることがわかった。見晴らしがいいのになぜなんだろう。上田が調べてみると、区画整理によって道幅が広くなっていたことがわかった。四車線道路になったが、住民が以前の感覚で渡ってしまうことが原因ではないか。この報道と取材が契機になって、街灯と信号機の設置がきまり、信号機がつくとその渡り初めも取材、総括の企画番組を流した。事故は以来なくなった。

湖上を埋めつくす人々

中海のケースも長野県諏訪湖のとりくみを取材したことで、事態が前に進んでいる。諏訪湖では湖岸の清掃箇所を、団体ごとにわりあて、自分たちの湖岸を掃除する、という意識をもたせる「アダプトプログラム」で、浄化がぐんと進んでいた。

アダプトプログラムを番組で紹介すると、最初はピンとこない視聴者がほとんどだったが、やがて事業所やボランティアグループ、学校などから申し込みがあいつぐ。

2004年6月には、鳥取・島根両県から知事が参加して湖岸のゴミを拾うという中《なか》海《うみ》・宍道湖《しんじこ》一斉清掃が行われた。

番組が始まった2001年には、小中学生が通うヨットスクールが細々とゴミ拾いを続けていたが、上田は取材をしながら、この広大な湖岸をこんな少人数の小学生がゴミを拾っても何が変わるのだろうと考えたこともあった。

が、一斉清掃のことを撮影取材をしようと、湖上に出ると、湖岸を埋めつくす人が見えた。

何かが変わり始めていると実感した最初の瞬間だった。

そして２０１１年6月、ついにオープンウォータースイムの全国大会が中海で開かれることになる。県の水質検査の結果は「ぎりぎり泳ぐことができる」。10年で泳げる中海にする、という目標を市民と一緒についに達成したのだった。

オープンウォータースイムの大会は以降毎年行われ、赤貝の養殖も始まった。水質検査の推移をみてみると、はっきりと湖が浄化されていることがわかった。

開局30周年になる２０１９年11月には、20年間の『中海物語』の軌跡を1時間の番組にまとめ放送した。この番組はギャラクシー賞の報道活動部門の大賞を受賞することになる。

宇沢弘文の理想を追うテレビ局

中海テレビ放送は、２０１６年9月に『米子が生んだ心の経済学者　宇沢弘文が遺したもの』という番組を放送している。効率性だけを求める社会は滅びる、人々が共通につかう公共財を大切にする視点こそが求められると主張してきた経済学者の宇沢は、米子市内の生まれだった。米子には3歳までしかいなかったが、アメリカに留学する１９５６年までに、宇沢が鳥取県日南町の禅寺に幾度となく通っていたことを、番組はつきとめる。若き宇沢は、この寺の和尚の法話に大変な影響をうけたと家人に語っていた。

その和尚、米積昌賢の法話の原稿を番組は発見する。そこには、後の宇沢の『自動車の社会的費用』や『社会的共通資本』の著作に発展することになる思想の核となった一節があった。

「よく調えられた人間によって利用される場合は、科学は善であり、幸福をもたらすものであるが、もしよく調えられない人間が利用した場合は科学は不善であり不幸である」

「中海テレビ放送」は創業以来、宇沢の理想を追っていたのではないか。髙橋はこの番組をつくりながらそう感じた。

「放送」から「ネット」の流れの中で、ローカル局は今苦境にある。コロナ禍が直撃した2020年度決算は、ローカル民放の優等生と言われた大分朝日放送ですら、対前年度比2割の減収となった。

が、中海テレビ放送は、2020年度も増収、開局以来増収を続けている。月2300円～4200円の契約料に支えられるサブスクモデル。増収の鍵は、中海テレビでしか観ることのできない情報を発信しつづけていること。ステークホルダーは、民放のようなスポンサーではない。契約料を払っている住民だ。

2021　9・6、9・13

中海テレビ放送が、日本のメディア総崩れのコロナ下にあっても売上を伸ばしてきた秘密のひとつに、事業の多角化に成功しているという点がある。実はケーブルテレビ自体の売上は3分の1ほどであり、のこりはインターネットのプロバイダー事業と、地産地消型の電力Ｃｈｕｋａｉ電力の売上がそれぞれ3分の1を占めている。

新聞社が業務を多角化しようとしても、なかなかうまくいかない。その理由は、新聞とまったくかけ離れたところで事業を起こそうとするからだ。中海テレビ放送の場合、一見かけはなれているようにみえるが、必然としてのインターネットのプロバイダー事業であり、エネルギー事業だった。

ケーブルテレビ局は課金のシステムをもっている。各家庭がたとえば中国電力から電力をＣｈｕｋａｉ電力に切り換えたければ、そのオプションを選ぶだけでいい。

そして国道181号線や中海の課題解決型報道の積み重ねで、米子の市民は、中海テレビ放送に絶大なる信頼を寄せている。世論調査会社によるこの地域でのメディアの信頼度調査をみると地元の日本海新聞をうわまわりＮＨＫと同率の信頼度をえていることがわかる。

信頼をしているから、米子の住民は、中海テレビ放送のサービスをケーブルテレビだけではなく、プロバイダーも電力も中海テレビ放送にする。

このようなビジネスモデルをつくったのは、創業時の社長で、彼はエンジニアだった。

5 開局以来ずっと増収で成長する中海テレビ放送の研究

エンジニアが世界を変えるのだ。

グーグルは、スタンフォード大学のコンピューターサイエンスの博士課程にいた2人の若者によって創業された。

ヤフージャパンの草創期の社長井上雅博も東京理科大学数学科出身のエンジニアだ。

鳥取西部のケーブルテレビ、中海《ちゅうかい》テレビ放送。1989年の開局時から、地元の独自報道の専門チャンネル「中海テレビニュース」を持ち、創業以来増収をつづけている。コロナ禍でキー局やローカル局が、対前年度で軒並み7パーセントから20パーセントの減収になった2020年度も増収、56億円を売り上げている。社員数が64名だからひとりあたま一億円を売り上げる超優良企業だ。

前項では、持続可能になっているその秘密を、地域のための課題解決型報道の道をひいた立ち上げメンバーの一人髙橋孝之《こうし》（現会長）や、20年以上にわたって米子の汽水湖中海《なかうみ》の浄化運動に「中海物語」という長寿番組を通じてとりくんだ報道部の上田和泉《いずみ》に求めた。が、実は中海テレビ放送が、ローカルメディアとして屈指の成長をとげた最大の秘密は、エンジニア出身の経営者秦野一憲《かずのり》にある。

秦野一憲（写真：中海テレビ放送）

ヤフージャパンの草創期の社長井上雅博は、「インターネットとケンカをするな」とよく言っていたというが、これは「技術革新とケンカをするな」という言葉におきかえてもいい。

紙の新聞こそが知性を磨く、インターネットは知的頽廃をまねくと、いくら紙にしがみついても、勝てない。これが新聞のおかした過ちだ。

グーグルもヤフージャパンも技術革新をテコにして成長をした。中海テレビ放送も、エンジニアマインドをもった秦野が、2000年にインターネットのプロバイダー事業を始めたこと、

2016年に再生可能エネルギーを使った電力の小売りを始めたこと、このふたつをテコにして、地元の課題解決型の報道専門チャンネルも花開いたのである。

この項では、秦野とその直属の部下だった加藤典裕《のりひろ》（現社長）らの軌跡を追う。中海テレビ放送が、技術革新をいかにとりいれて、人口減少県だったにもかかわらず、持続可能なローカルメディアとして成長していったかを、現地取材も交えて報告する。

青果市場のコンピュータ化をしたエンジニアが経営

加藤が入社した1989年1月、中海テレビ放送は、東亜青果という野菜や果物の卸売市場の2階にまがりしていた。秦野一憲は東亜青果の社長だったが、地域のためのケーブルテレビをつくるという高橋のプランに賛同し、代表取締役として立ち上げに参加したのだった。

当初から、コンテンツは高橋、技術・経営は秦野と役割は決まっており、お互いのことはお互いにまかせるという暗黙の了解があったと、高橋は言う。

というのは、秦野は、婿で入った東亜青果で、全国に先駆けるさまざまな技術革新をおこなってきた実績があったからだ。

秦野は、日本電子工学院電気工学部を卒業し、最初の会社に勤めていたころ富士通電算機専門学校に通っていた。そこで知りあった妻の実家の東亜青果に1973年に入社している。秦野はここで手作業によって行われていた野菜や果物の荷受けやセリの約定値の入力を、コンピューターのネットワークによって自動化した。

この『入荷同時入力システム』と『セリ同時入力システム』の導入によって、それまで手作業で行っていた時代にはかならず生じた不明品がなくなった。市場の収益性が増し、東亜青果のシステムは、全国の青果市場に普及していくことになった。

中海テレビ放送はケーブルテレビだ。まず、各家庭に有線を敷設する必要がある。その専用線をひくにあたっても、秦野は、中海テレビ放送から番組を届ける下りだけではなく、上りからも、つまり各家庭からも信号が入力できるような双方向性にこだわった。

しかし、そのせいもあって、設備投資は莫大《ばくだい》なものになり、放送を開始しても、赤字回収の見込みがたたない。

秦野や髙橋ら役員は無報酬。社員の給与も雀《すずめ》の涙ほどしかだせなかった。

加藤は社の業務に必要だからと、新入社員の時に受けたクレジットカードの審査を今も思い出す。年収の欄があった。実際の給与は月に手取りで10万円少ししかなかった。ボーナスは一カ月。年収でも150万円にしかならない。これでは審査が通らないのではと不安になり、その欄に200万円と書いて申請した。

1989年11月に放送を開始してから7年がたっても、黒転のメドはたたない。ささいなことで、社内ではよく怒鳴り合いのケンカが起きた。毎月、誰かしらの送別会があった。加藤は泥船に乗っているような気分になっていた。

そんなある日、加藤は中海テレビを契約しているという30代の男性からの電話をとる。クリスマスが近かった。

「妻の映像をもらえないか？　街頭インタビューに答えていたんだ」

聞けば、男性の妻は急逝していた。クリスマスに子供たちに、動いている妻の姿を見せてあげたいのだという。加藤は心をつかれる。自分たちは地域の人々に必要とされている仕事をしているんだ。この火を絶やしてはならない——。

インターネットの時代がこようとしていた。秦野は、ケーブルテレビで敷設した太い線を利用すれば、インターネットのプロバイダー事業に参入できると考えていた。

プロバイダー事業への進出で黒字化を達成

鳥取県米子市で、1989年11月に放送を開始したケーブルテレビ局中海《ちゅうかい》テレビ放送。

その社長だった秦野一憲《かずのり》は、1995年ころから、インターネットのプロバイダー事業への参入を考えている。もともと巨大な設備投資をおこなって双方向の線を各家庭にひいていったのは、このインターネット登場の日のためにあったようなものだった。

2000年11月には、主幹線を100パーセント光ケーブルにしたインターネット常時接続サービスを中海テレビ放送は始めている。

それまでインターネットといえば、電話回線を使って、画像をすこしずつダウンロードせざるを得なかったものが、瞬時に動画も見ることができるようになる。中海テレビ放送のインターネットの申し込みに、米子の人は文字通り列をなした。

2000年には、ケーブルテレビを契約している世帯数は1万5382軒を数えるようになっていたが、月5800円（テレビ加入者は4800円）のインターネットを契約する世帯も増え続け2003年には6191世帯になる。

インターネットというもうひとつの収益の柱を得て赤字体質を脱し、安定的な経営ができるようになったのは、開局から14年たった2003年からである。

電力自由化をみこして電力事業に進出

秦野一憲と加藤典裕は、2010年代になると米子に電気自動車の工場をつくるプロジェクトに奔走するようになる。その電気自動車工場は具体化はしなかったが、秦野たちは、2016年には電力の小売りが自由化されることを知るのである。

そうした中で、中国電力系のコンサルタント会社につとめる森真樹《まさき》と、知り合うのだ。

森は、電力の小売りの会社をつくりたがっていた。

課金の仕組みをもっている、各家庭のデータがとれる、お客さんのことをよくわかっている、この三つが、自由化後の電力の小売りで成功する条件だと、森は考えていた。これはケーブルテレビ会社がそなえている条件とぴたり重なる。

秦野は森をスカウトし、米子市や境港市も出資するローカルエナジー株式会社を、2015年12月にたちあげた。

米子市が出資しているという点が重要で、これによって、市で出る可燃ごみを焼却して電力にかえる米子市クリーンセンターからの電力を優先的に買うことができる。当時の米子市長を秦野はこんなふうに口説いたという。

「中央の会社が米子に出てくれれば、雇用は生まれるかもしれない。しかし、お金は中央にいってしまう。電力も同じ、中国電力を使えば、お金は広島に行く。米子の再生エネルギーを使った地産地消の電力会社をつくれば、地域にお金が循環する」

太陽光パネルやごみ焼却による再生可能エネルギー（電力）をローカルエナジー株式会社は購入し、小売りをする中海テレビに卸す。中海テレビ放送は、これを契約者に売るわけだ。

このＣｈｕｋａｉ電力、現在ではエリア内の各家庭・事業所の契約者が１万３０００にもなり、伸び続ける中海テレビ放送の売り上げの３分の１を占めるようになっている。２０２２年10月からは、太陽光パネルと蓄電池を月々の契約料を払えば設置するサービスも始めた。こうすれば、地産地消によって、ウクライナ危機による原油高の影響もうけない。

鳥取県西部の人々が、中国電力ではなく、中海テレビ放送の電力を買うのは、30年近くにわたってつみあげてきた報道や番組制作で、圧倒的な信頼を得ているからだ。

秦野は、ローカルエナジーの設立を見とどけた後の２０１６年９月に脳出血で没する。

加藤典裕が後継の社長になった。

秦野一憲が亡くなる直前、したためていたメモを、現社長の加藤典裕は、今も肌身離さず持ち歩いている。それは、若い世代の社員に、2040年の中海テレビ放送の姿を考えてもらうよう促すメモだった。そこにはこんな言葉があった。

〈私は、地域の持続的存続条件は、地域が経済的に自立することだと信じています。そのために我々が何ができるのか？〉

あちこちで芽吹く種

優れたエンジニアでもあった秦野。その秦野が蒔いた種は、今、中海テレビ放送のあちこちで芽吹いている。

2021年に入社した広島出身の上西《かみにし》真里那は、もともと大阪のタレント派遣会社に所属するアナウンサーだった。しかし、中海テレビ放送に派遣されて、ニュースを読んでいるうちに、自分のやりたい仕事はアナウンサーではなく、地域の課題をともに考えることなのだということに気がつく。

コロナ禍の知事の会見の中継で、手話通訳の人がマスクをしていないことを、批判する視聴者がいた。しかしろうあ者は手話だけでなく、表情でも意味をくみとっている。そこで透明マスクをつくればいいのではないかと県内のNPO団体に連絡をとった。兵庫県伊《い》丹《たみ》市でつくられている透明マスクの写真とつくり方を提供すると、それがきっかけとなって透明マスクづくりが始まって、県立鳥取聾学校に納入するまでになった。

自分の提案で物事が動いたということが嬉しかった。大反対されたが派遣会社をやめ、退路を断って、新規採用にエントリーし内定を得た。２０２０年度の新規採用の試験には、全国から４００人もの志望者がエントリーした。

上西は今、エリア内の境港市に住む。境港市は狭隘《きょうあい》道路が多く、そのため、消防車が入れない、土地の値段が下がるなどの問題で、空き家が増えている。

この課題の解決になるような報道をすることが目下の目標だ。

２０２２　２・28、３・７

中海テレビ放送の増収の記録は、２０２３年度の決算で初めて対前年度減収となり、35年目でストップした（２０２２年度の売上は、68億８１００万円だったが、２０２３年度の売上は、前期比５・９％減の64億７８００万円だった）。

その決算が発表された翌日の２０２４年６月28日、中海テレビ放送の地域創造本部本部長・メディア創造本部副本部長の三浦健吾は、聖心女子大の私の授業に、米子からＺｏｏｍ

で参加してくれた。このとき、三浦は、中海テレビ放送はさらなる変化をしようとしていると学生たちに話をしたのだった。

左がそのときに三浦が示した「経営戦略2030」の概念図だが、もはやメディアの会社ではなく、地域づくりの会社として自らを捉えなおすことで「持続可能」であり続ける、ということだった。

中海テレビ放送のことを授業でやると、学生は「もっと広い範囲に進出していけば？」とゲストで登壇した三浦らに質問する。が、三浦は「鳥取西部に特化しているのがうちの強みでそれをさらに深化させていく」と答える。

新聞社の事業の多角化で失敗するのは、この点だ。たとえば静岡新聞の大石剛《ごう》社長（当時）にかつてインタビューしたとき、ランニング・アプリを開発中というのを聞いて、「それではまったく静岡新聞の強みは活かせないのでは？」と聞いたことがあった。

2020年8月当時、静岡新聞はシリコンバレーに社員を駐在させ、ニューヨーク・タイムズのむこうをはって「イノベーション・レポート」を出したことで、他の地方紙は色めきたったが、私はそのレポートの中身のなさに唖然とし、具体的に何をやるのかを聞きにいったのだった。

全国紙が多々とりくんでいる多角化事業も同様だ。マッチング・アプリなど、すでにレッ

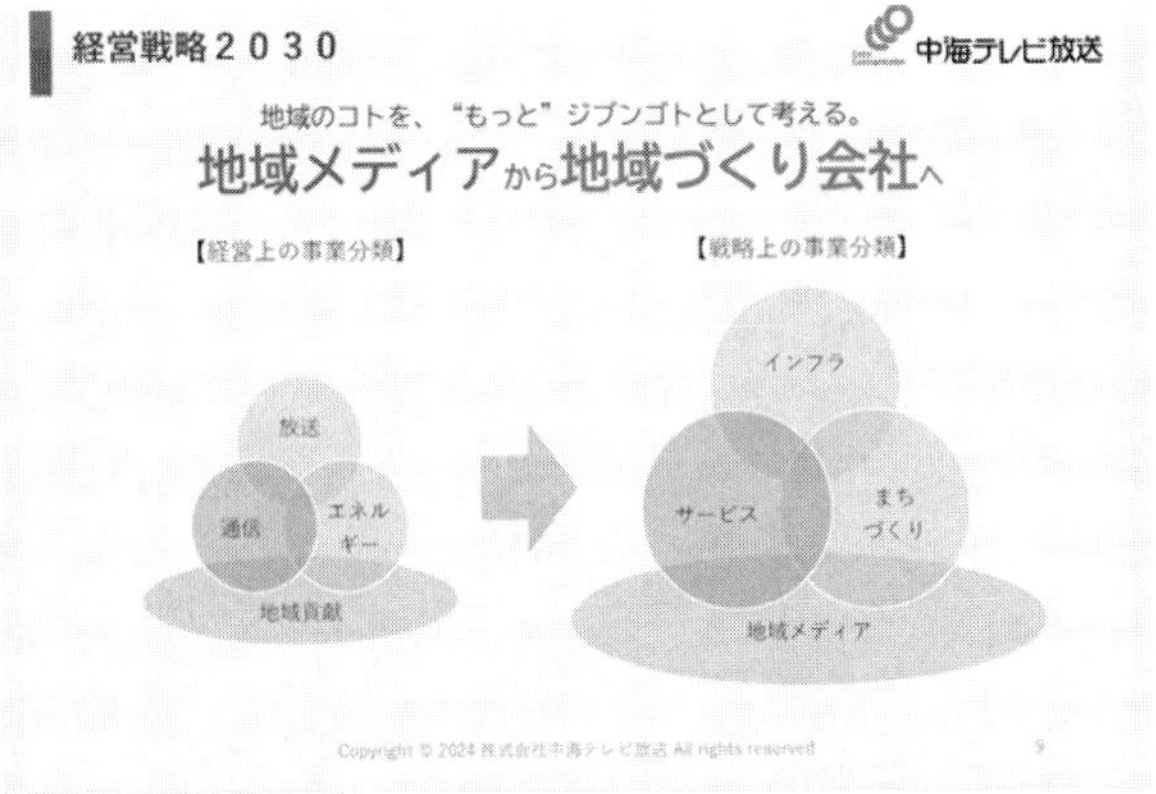

ドオーシャンで強い先行者がいる市場に、武家の商法で出ていっても失敗をするだけだ。

　この「経営戦略２０３０」でいう街づくり会社とは、中海テレビ放送が地域の開発を担うというデベロッパー事業に進出することを意味する。

　中海《なかうみ》の浄化運動にかかわった中海テレビは、メディアという方法だけでなく、再生エネルギーという方法で中国電力という独占企業の高い電気料金に苦しむ地域住民の課題を解決し、こんどは、開発という方法で、この課題解決を担おうとしているのだ。

　課題解決で成功しているメディアは中海テレビ放送だけではない。全国一の来館者数をほこる石川県立図書館もそのひとつだ。

　23万7000人（2015年度）という規模しかなかった県立の図書館が、2023年度の実績で1

02万6000人と利用者数を5倍に増やした秘密は何だろうか？

地域の課題解決ということの他に、図書館が本を選ぶのではなく、利用者が本を選ぶのだという姿勢は、結論を先に決めてやる報道へのアンチテーゼとしても学ぶことができる。

6　日本一来館者数の多い石川県立図書館の秘密

元の会社の同僚は、社をやめてから図書館の司書の資格をとったが、視察旅行で、リトアニアの生まれ変わった国立図書館を見学したりしている。その彼女が、金沢に行くと言ったらば、「下ちゃん、金沢行くんだったら、石川県立図書館行ったほうがいいよ」と勧めてくれた。

フィナンシャル・タイムズに勤める凄腕の広報の女性も、なぜか、この石川県立図書館で、優雅にリモート勤務している様をフェイスブックにのせていたこともあり、はたまた

NHKの金沢放送局にいる松岡忠幸アナが案内してくれるという幸運もあり、2024年3月上旬、初めて足を運んでみたのです。

香林坊という金沢の中心街からバスで20分ほど、高台にあるその図書館に入ると圧倒された。

249ページの写真のように、円形のスタジアム型の本棚で本がこちら側を向いて陳列されている。しかも、日本の図書館の99パーセントが採用しているNDC（日本十進分類法）と呼ばれる分類で整理されているわけではないのだ。

「子どもを育てる」「仕事を考える」「生き方に学ぶ」「本の歴史を巡る」「暮らしを広げる」等々12のテーマ別にブロックがわけられ本が面陳されている。

入り口のところでは、こんなサインがガラス窓に次々投影される。

「記念撮影はお好きな場所で」

「閲覧エリアはふた付の飲み物持ち込みOK」

「おしゃべりOK」

「お食事は文化交流エリアで」

図書館といえば、おしゃべりをしていると、シーッと注意され、飲食も決められたところ以外では不可、というものだとばかり思っていた私は、度肝を抜かれた。

それまでの県立図書館から移転して兼六園の南東、金沢大学工学部跡地に2022年7月にオープンしたこの石川県立図書館の2023年度の来館者数は102万6046人。旧石川県立図書館の2015年度の来館者数は23万7153人だったから利用者は5倍に増えた。昨年一位の岡山県立図書館（2022年度で80万人弱）を抜き、日本一来館者数の多い図書館になることは確実だ。

再生した石川県立図書館から考える「図書館というメディア」の話。

10進法分類ではなくテーマ別に本を並べる

2017年4月できたばかりの新図書館準備室に配属された坂井綾子はシステム担当だ。日立製作所から県庁に転職した。すでにコンペによって建築設計は、仙田満に決まっていたが、仙田がだしてきた設計案を見た時に、これでは、そもそもNDCによる分類ができない、NDCによる分類ができなければ、館内のシステムの設計のしようがないと思った。

2000年から県立図書館で司書として勤めてきた同準備室の河村美紀も、この180度半円の書棚は素晴らしいが、しかし、いったいどうやって本を分類するのかと途方にくれたそうだ。

「仕事を考える」のテーマゾーンの書棚の前で。左から利用推進課長の空良寛、司書の河村美紀、専門員の坂井綾子

しかし、この斬新な設計は素晴らしいと思った。このような図書館であれば、人々は来たくなるのではないか。そこから総勢8名の準備室は議論を重ね、12のテーマにブロックをわけて本を陳列するというアイデアにいきつく。

旧県立図書館で貸し出しの多い本に伝記があった。伝記が好きでそれだけを借りたいという人もいた。NDCによる分類では「2」になる。しかし、伝記は「2」のところだけに分類されているわけではない。科学者は、自然科学の「4」に、芸術家は芸術の「7」に、作家は文学の「9」に分類されていることもあった。

これをひとつにまとめてしまえれば。

こうして「生き方に学ぶ」というテーマブロックはできた。

坂井や河村は書店にもよく行ってその分類を注意深くみた。そうすると「職業」「子育て」というのは、定番のようにして、コーナーがあることがわかった。こうして「子どもを育てる」「仕事を考える」のテーマブロックができた。

しかしたいへんだったのは、コロシアム型の部分の書棚は、場所によってサイズが違っていたことだ。奥行きも違う。だから、それをすべて計算をし、何冊の本がそれぞれのブロックに入るのかを確認しなければならなかった。こうして30万冊の蔵書のうち7万冊が、180度展開のすり鉢状の三層にわたる円形書棚に収まることになったのである。

それ以外の本は、従来のNDCにしたがって分類し、すりばち状の外周にのびるスペースの通常の書棚に収めることになった。

システム担当の坂井が苦労したのが、テーマ別のコロシアム型の書棚に本があるとわかった時に、館内の検索機でどのように場所を表示するかだった。わかりやすく本の場所にたどり着くために、何度もプログラムを書き直した。

市民の課題を解決する図書館

図書館の基本構想が、外部識者によって決められたのが、2017年3月。その中に、「課題解決の支援サービス」というものがあった。

これはニューヨーク公共図書館など欧米の図書館では、ごくあたりまえに行われているサービスで、市民がかかえる課題を図書館が解決の手引きをするということだ。

たとえばニューヨーク公共図書館では、起業したいと思う人のためにビジネスに特化した司書が相談に応じ、外部のアドバイザーにつなぐ、そのうえで起業プランを公開するという「ニューヨークスタートアップ」というプログラムを提供している。

石川県立図書館でも、モノづくり体験スペースには3DプリンターやUV印刷機などがあり、たとえば新商品の試作品をつくることができる。あるいは、地元のオーケストラ楽団であるオーケストラ・アンサンブル金沢は、月に一度のペースで30分だけのミニコンサートを館内にある「だんだん広場」で開いている。これは無料だが、オーケストラにとっては、有料の公演によびこむ窓口に、経済的にオケを聞く余裕のない人も生のクラシックを楽しむことができるという課題解決の意味があった。

さて、図書館にはもうひとつの大きな機能がある。それは、利用者の相談にのり、課題の解決に導くというものだ。それには「調べものデスク」という窓口がある。

私はここに、自分の課題をひとつもっていった。

それは、昭和初期に、農村の青年たちに課題図書を貸し出し、3年にわたって読書学級をひらくという「読書の風」運動を石川から全国に広げていった石川県立図書館館長中田邦造のことだった。

北國新聞は新県立図書館のオープンにあたってこの中田邦造のことを「石川から全国へ図書館活動を広げた人物として日本図書館史に刻まれる」と肯定的にとりあげたが、しかし、この「読書の風」運動は、やがて大政翼賛会の国民読書運動にとりこまれ、「思想誘導」と戦後に批判をうけることになる。

戦後に普及したNDCというシステムは、「選書」によって為政者が選ぶのではない、利用者が主体的に選ぶということを徹底した上で到達した分類法ともいえる。

その中田が翼賛会のことをどう思っていたか？　知りたいと、「調べものデスク」にいる司書の杉井亜希子に尋ねると、石川コレクションと呼ばれる古文書のなかから、中田自身が翼賛会について書いたメモをみつけだしてくれた。

室町後期以降の史料を手にとってみることができる

飲み物持ち込み可で自由に過ごせる石川県立図書館だが、その一室だけは、厳重に管理されている。

まず入り口で荷物をロッカーに預けなければならない。部屋は透明なガラスで仕切られており、外から中が見えるようになっている。

「調べものデスク」の司書、杉井亜希子は「下山さんが知りたい、中田邦造と大政翼賛会に関係しそうな史料を、書庫から出しておきました」と言う。

「史料を見るには、時計を外して手を洗ってからごらんになってください。コピーはとれませんが、写真の撮影は自由です」

透明なガラスで囲まれた部屋には、洗面所があり、ここでまず手をあらって史料を手にするようになっている。この部屋だけは飲食禁止、時計の他指輪等も外すよう求められる。石川県立図書館は室町後期以降の史料の原物7万点を所蔵し、うち6万点は求めればこの部屋で手にとって見ることができるのだ。

進学率が3％以下の農村での図書館運動

石川県立図書館の月報に中田は当時の石川の農村の状況についてこんなことを書いていた。

〈中等学校へ進むものは二・六三％にすぎず（中略）このような農村文化の実情、村民教養の程度を見せつけられては、どうしてもそのままに捨ておくことはできない。現在の青年達に一層豊かに、より良き図書を与えるにはどうしたらよいか、（中略）この問題は図書館に課せられた大きな任務であると思う〉

中田は経済的理由で進学できない農村の青年を対象に、40～50名の学級を編成して、選書をした図書群を供給し、読書指導をすることを始める。これは3年間のコースだった。

この学級に参加した人々の手記を収めた『読書に生きる人々』という書簡集も興味深い史料だった。その中で参加者の一人川村輿之はこんな文章を寄せている。

〈私は、小学校を卒業し、上級の学校に進まんとする意志に燃えながらも、家庭の事情の為に断念のやむなきにいたりました。そこで、独学を以て精進せんとせしも、良き書を手にし得る十分な機関も具はらず、良き指導者はもとより無く、学ばんとして学び得ず、我心はたゞもだへて居つたのであります。この時、先生の読書学級御計画の趣意を聞きました時は、全く「地獄で仏」とはこの事ならんと喜びました〉

このように、学ぶ機会を断たれた石川の農村の青年たちにとっては、中田が主導する農村への図書の供給と読書学級は得難い機会となった。

石川県立図書館で司書を務める河村美紀は、移転前の旧図書館時代に、読書団体のリーダーを務める老人を、「中田先生に農村で読書指導をうけた人物」として紹介をされたことがある。

この中田の「読書の風」運動は、全国に波及していくことになるが、同時に日中戦争が始まり言論統制が厳しくなっていくなかで、大政翼賛会運動に組み入れられていく。

戦後には、選書をして読書指導をすること自体が、「国家的な思想誘導だった」と批判的に捉えられるようになっていくのである。

明治大学教授の松下浩幸などの研究で、そうした経緯を知っていただけに、当の中田は、大政翼賛会に自分が起こした運動が組み入れられていくことをどう考えていたのだろう、と県立図書館の「調べものデスク」の司書の杉井に、相談をしたのである。

するると、中田自身が日本図書館協会の罫紙にしたためた「大政翼賛会中心の読書指導運動の行詰り」というメモが古文書として所有されているという。他の古文書とともにそれを出してもらって、「貴重資料閲覧室」で見ることになったのが、253ページからのシーンということになる。

茶封筒に入っているそのメモは、原物だ。日本図書館協会の罫紙を使っていることから、中田が日比谷図書館の館長になった1944年以降のメモだと思われる。

極端な悪筆で読みにくいのだが「文部省若手官吏の出過ぎ」「翼賛会自体の無策」と悲憤慷慨のメモをしたためながら、「孤立」の文字が躍るなど、自分の始めた読書運動が、手の届かないものになってしまったことを嘆いている。

しかし同時に「読書指導による生活指導運動」などの方針が書いてあり、中田自身は、あくまで自身が選んだ図書群によって「臣民を教育していく」という思想をもっていたことがわかる。

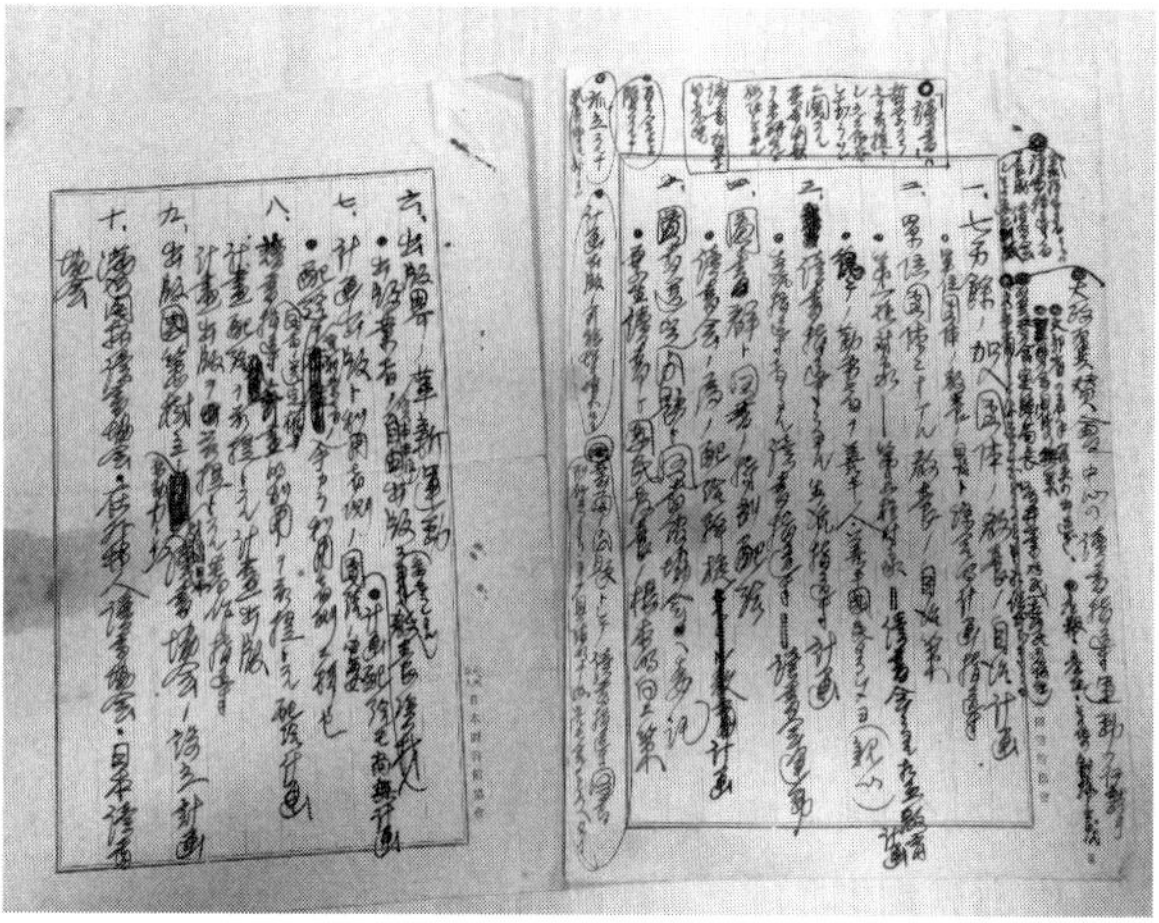

中田邦造自身が書いたメモ「大政翼賛会中心の読書指導運動の行詰り」。こうした史料の原物も手続きをすれば、貴重資料閲覧室で手にとって見ることができる。

図書館の自由に関する宣言から我々が学ぶこと

戦後、図書館は戦時中の言論統制の一翼を担ったという痛切な反省から、1954年の日本図書館協会の総会で「図書館の自由に関する宣言」を起草、承認される。

〈図書館は、基本的人権のひとつとして知る自由をもつ国民に、資料と施設を提供することを、もっとも重要な任務とする。この任務を果たすため、図書館は次のことを確認し実践する〉

との一文で始まるこの宣言は、読んでいると涙が出てくる。

〈1、図書館は資料収集の自由を有する
2、図書館は資料提供の自由を有する
3、図書館は利用者の秘密を守る
4、図書館はすべての検閲に反対する
図書館の自由が侵されるとき、われわれは団結して、あくまで自由を守る〉

神戸連続児童殺人事件の元少年Aの手記も、書店に放火の脅迫が寄せられた『トランスジェンダーになりたい少女たち』も、図書館は提供する。それは、1の細目に「個人・組織・団体からの圧力や干渉によって収集の自由を放棄したり、紛糾をおそれて自己規制したりはしない」とあるからだ。

そう、図書館が選ぶのではない、我々が選ぶのだ。図書館はその機会を守るために全力をつくす。

この「図書館の自由に関する宣言」は、石川県立図書館でも、もっともめだつ場所、総合カウンターの背面の壁に燦然と掲げられている。

石川県立図書館は、この「図書館の自由に関する宣言」の原点をおさえながら、欧米の公共図書館にも共通する「課題解決」や「本にとどまらない多様な知に出会う」空間をつくり、人口の決して多いとはいえない石川県で、全国一の来館者数を誇る図書館になった。

そしてこの図書館の成功は持続可能性に苦しむ、現在の日本のメディアにとっても、大きな示唆を与えているように思う。

2024　5・6、5・13

さて、次章では「生成AI」とメディアの持続可能性の問題についてとりあげる。政府のAI戦略会議の答申が出たのが、2023年5月、そこにはこんな言葉があった。

〈ＡＩがもたらす新しい自由と変化はおそらく、産業革命やインターネット革命が生んだものよりずっと大きいものとなる〉

実はこのときには、私はその意味があまりピンときていなかった。

というのは、数学者の新井紀子が２０１８年に出した本のＡＩ観にまだとらわれていたからだ。生成ＡＩといっても、まず人間が教師プログラムをつくり、回答への道筋を手助けする。目的以外の汎用性のあるＡＩの誕生はまだずっと先と考えていた。

それが、「大規模言語モデル」によるＣｈａｔＧＰＴという生成ＡＩをＯｐｅｎＡＩ社がつくりだしたことで大きく変わったことに気がついたのは、自分がそのＣｈａｔＧＰＴを使ってみてからのことだった。

第6章

生成AIの時代に

1　孫正義が唱えた人間を超えるAIは可能か？　示唆を与える二冊の本

著者エージェントのジョン・ブロックマンが運営していたＥｄｇｅというサイトは、賢人たちをひとつの部屋にいれて、ある命題を議論させる、それがインターネット上だとたやすくできる、というアイデアで生まれたものだった。

毎年ブロックマンは、会員の科学者たちに、ひとつの命題を議論させていた。２０１５年の命題はこんな命題だった。

「思考する機械についてどう考えるか？」

そのブロックマンが、「人工知能分野の巨人」と言われるカリフォルニア大学ロサンゼルス校コンピュータサイエンス学科のジューディア・パールに書いてもらったのが、『因果推論の科学』（夏目大訳　松尾豊監修・解説　文藝春秋刊）だ。

『因果推論の科学』は原題を「The Book of Why: The New Science of Cause and Effect」といい、「思考する機械」つまり「強いＡＩ」は可能か、という問いに答える本だ。

ＡＩについては、「シンギュラリティ」という言葉が数年前にもてはやされた。これは

ＡＩの能力が人間を超える点という意味で、ソフトバンクの孫正義が２０１８年にビジョン・ファンドのテーゼとしてさかんに売り込んだ。

「すでにチェス、囲碁や天気予報等の分野ではその変化はすでに始まっている」「今後30年でほぼすべての分野で達成するＡＩができる」（ブルームバーグでの２０１８年の発言）が、この本を読むと、その道は険しいということがよくわかる。その理由も。

チェスや囲碁という特定の分野で人間に勝つＡＩをつくることはできる。過去の対局のデータをＡＩに学習させてコンピュータは、枝分かれする何億もの手に総当たりして、勝利に結びつく可能性が高い手を選んでいけばよい。

が、対局場で、火事がおこって非常ベルがなった時に、人間はすぐに避難するが、ディープブルーやアルファ碁はその意味がわからない。「強いＡＩ」、孫正義が言う「シンギュラリティ」を超えたＡＩは、そうしたことができる「ＡＩ」だ。あるひとつのタスクだけではなく、汎用性のあるＡＩということになる。

ジューディア・パールのこの本は、ＡＩが「シンギュラリティ」に到達するには、三段階が必要であり、現在存在するＡＩは、第一段階のものでそれは「相関関係がわかる」コンピュータということなのだ、という。汎用性のあるＡＩが誕生するには、人間と同様に「因果関係がわかる」ＡＩが登場しなくてはならないという。

そしてこの本が優れているのは、科学史や数学史をたどりながら、実は人間の科学や数学は、相関関係（統計）、確率について発展してきたのであり、因果関係を数式に置き換えるというようなことは、やってこなかったということを説明していることだ。

数学者の新井紀子は、コンピュータに東大入試を突破させるプロジェクトを指揮してその顛末を『ＡＩ vs. 教科書が読めない子どもたち』（２０１８年 東洋経済新報社）に記しているが、この本を読むと新井の考えるＡＩの限界がよくわかる。

要はすべて人間が「教師プログラム」をつくらなければならないのだ。たとえば、国語の文意把握の選択問題。これを正解させるにはどうしたらいいかをまず人間が考える。現在のＡＩは文章を理解することはできない。だから、選択肢が５択ある問題だと、下線をひかれている文の中にある単語と、選択肢の中にある単語が一番重なっているものが正解だという「教師プログラム」をつくって、コンピュータにその「相関関係」を計算させるのだ。しかし、これでは正解率は５割少し超えるくらいの実績しかでない。

数学は論理、確率、統計という表現手段を獲得したが、それ以外のことはできない。だから、それ以外を要求される「汎用ＡＩ」は論理的には無理、シンギュラリティなどというものはこない、と新井は、同書で明快に主張していて、目からうろこがおちる思いがしたが、今度のジューディア・パールの本は、「相関関係」に終わっている現在のＡＩが

「汎用ＡＩ」となるため、どうしたら「因果関係」がわかるようになるのかを議論していて面白い。
パールによれば、相関関係と確率をくみあわせたのがベイズ統計で、これによって曖昧さも処理できるようになってきた。しかし、本当の「汎用ＡＩ」が生まれるためには、ＡＩが「反事実」を認識できるようになる必要がある、とパールは言う。

ここで、パールが持ち出してきているのは、4万年前に人間がマンモスの牙を彫ってつくった体が人間、顔がライオンの像だ。この動物は実際には存在しない「反事実」だ。しかし、人間だけが、実際には存在しないものを想像する力を持っている。この能力が望遠鏡も飛行機もコンピュータも生み出したのだとパールは言うのだ。

新井とは違って、パールは、「強いＡＩ」「思考する機械」は可能だという。そしてパールの思考それ自体が、現在は存在しない「思考する機械」という「反事実」を前提としていることが面白い。

2022　11・22

2　ChatGPTで欧米の出版社に企画を売り込んでみる

以前このコラムでAIのシンギュラリティなどというものはない、ということを数学者の新井紀子さんの本の紹介をしながら書いたことがある。

シンギュラリティというのは、人間の能力を超えるという意味で、新井さんの本が出た2018年は、孫正義がしきりとこの言葉を使ってAIへの投資を謳いあげていた時代だった。新井さんの本はそれに冷や水をぶっかけた（『AI vs. 教科書が読めない子どもたち』）。

現在のAIはまず人間が「教師プログラム」というものを考えなければならない、という種明かしを新井さんはする。例えば国語の文意把握の選択問題であれば、「問題文の中にある語がもっとも多い選択肢が正解の確率が高い」ということを、人間が見つけ出し、AIにその「教師プログラム」を与えて、それにそってAIが回答する。つまり、AIは文章を理解しているわけではなく、確率論的に検索をしているにすぎない。

そう、書かれてあって目からうろこが落ちる思いがしたこともあって、ChatGPTに、当初は、眉に唾をつけて見ていた。

ところが、日本の作家の海外版権の売り出しに、あの早川書房が「ChatGPTを使っている」という話を聞いたことで、自分もやってみることにした。

海外版権売り出しの企画書に使ってみる

私は『アルツハイマー征服』という本を、2021年1月に出している。この本は、アルツハイマー病の研究の歴史を30年にわたって書いたものだ。舞台も米国、日本、欧州とグローバル。科学と医療という世界共通の関心にそって展開しているものだから、最初から海外版権を狙っていた。

欧米の出版市場では、ノンフィクションの場合、全部の原稿がなくとも、プロポーザルという企画書の段階で、権利を買ってくれることが多い。

単行本出版時のプロポーザルは、日本ユニ・エージェンシーというリテラリー・エージェントが、私の用意した英語の下書きをもとにつくってくれた。しかし、英文の企画書、しかも売れる企画書の英文を書くというのはたいへんなのだ。人力なのでお金もかかる。

2021年の単行本出版の段階では、アミロイドβというタンパク質を標的とした抗体薬が、まだ承認をされていなかった。自分としてはこれが研究の本筋としてその30年の歴史を書いたのだが、版権は、アジア圏では売れたものの、欧米圏では売れなかった。

だが、リターンマッチの時がきたのである。

単行本出版以降、エーザイの「レカネマブ」という抗体薬が治験で決定的な結果をだし、この7月6日にアメリカで承認をされ、日本や欧州でも承認される見込みになってきた。

単行本出版以降の出来事を書きおろした新章を加えた文庫版を8月末に出すことにし、400字×80枚を新たに加筆した。

この文庫版を海外でまた売り出せばいい。しかし、外部の人を頼って新しい英文のプロポーザルをつくるには、予算がない。そこで、試しにＣｈａｔＧＰＴを使ってみたのである。

最初のイントロダクションの章は、自分でふうふう言いながら6時間ほどかけて英文を書いた。それを「これをネイティブチェックしてくれ」とＣｈａｔＧＰＴに命令した。

驚いた。

Susumu Shimoyama followed this theme in last twenty years and interviewed every important persons who were involved with important breakthroughs and also failures.

という文章が、こんな感じのこなれた文章になって一瞬で出てくる。

Over the course of the past twenty years, Susumu Shimoyama has pursued this theme, conducting interviews with key individuals involved in significant breakthroughs as well as failures.

おう。よくわかってるじゃないの。

『アルツハイマー征服』は、研究の最先端に関する話を書いている。なのでさすがにＣｈａｔＧＰＴに英訳させるというのは難しいだろうと思っていた。私にとってはかつての機械翻訳のイメージがあまりに強すぎたのである。かつてのグーグル翻訳等の機械翻訳だと、いわば一対一対応的な直訳で、日本語にすると何を言っているのかわからない、というひどい代物だった。

しかし、ためしに、レカネマブのフェーズ3の結果がでる新章その4「ショーダウン」を貼り付けて、「商業出版のノンフィクション風に英訳してくれ」と命ずると、びっくりするほど流麗な英文になって出てきたのである。

しかも一瞬で。

もちろん、いくつかの専門用語の使い方など、人間の手による微調整は必要だが、6時間の工程が一気に1時間以内で済んでしまった。

生成ＡＩのこの飛躍はどう説明したらいいのだろうか？　あきらかにＡＩは大きな文脈を理解して訳しているように思える。

欧米の出版界は警戒する

このように便利なChatGPTだが、欧米の出版界では警戒されている。海外翻訳権の契約書には、「テキストをChatGPTに読み込ませないこと」の条項が入ることが多くなっている。

その理由は、いったんAIが、その作家の文章をとりこめば、そのくせや文体を自分のものにして、たとえば「この短編小説を村上春樹風に書き換えてくれ」といったタスクをしてしまいかねないからだ。

かつて『her　世界でひとつの彼女』(2013年米)という映画で、AIと恋する男の話があった。対話をしているかぎり一対一の関係だと錯覚をしていたのが、ラストで、その彼女が641人の男と同時につきあっていたということが明かされるというオチだった。

生成AIであるChatGPTにはその危険性がある。

いかにオリジナルなものをつくるか、ということがこの仕事の要諦だ。それは著作権という言葉に置き換えられる。その著作権を侵す危険性があるものには、当然のことながら規制は必要だろう。

その規制がない今は、著者、出版社ともに、自衛をするしかない。

2023　7・10

3　NYT vs. OpenAI 思い出した読売・山口寿一のある訴訟

2023年の年末、ニューヨーク・タイムズが、生成AIを開発するOpenAI社を提訴した。

その69ページにおよぶ訴状は、ジャーナリズム史上もっとも重要な文献として後世に語り継がれるようになるだろう。

その訴状は提訴の理由を以下のように説明をしている。

記事を捏造してしまうChatGPT

ひとつには、タイムズの記事を出典を示さずに、ChatGPTが展開してしまうのが、著作権の侵害である、ということ。

タイムズは、訴状の中で2019年のピューリッツアー賞を受賞した記事の剽窃を例としてあげている。

左側にGPT4の答え、右側にニューヨーク・タイムズの記事を訴状に載せて、両者がほとんど同じであることをタイムズは指摘したうえで、ChatGPTが無断使用している5回シリーズの記事は、

〈600のインタビューと100以上の記録申請、大規模なデータ分析、銀行の内部記録や他の文書の検討〉という1年半をかけた調査のすえできた記事だったことを強調した。〈OpenAIはこの記事の作成にはまったく寄与していないにもかかわらず〉その成果の大部分をかすめとっているとしている。

さらにタイムズが問題にしているのは、ChatGPTが、タイムズの記事だと言いながら架空の記事を捏造したり、まったく間違った内容を紹介したりすることだ。

訴状には次の例が紹介されている。

ChatGPTに「非ホジキンリンパ腫にオレンジジュースが関係あるとする新聞の有用な記事を教えてくれ」と命令をしたときに、「ニューヨーク・タイムズ2020年1月10日付けに『オレンジジュースが非ホジキンリンパ腫に関係。研究発表される』という見出しの記事があります」と答えた。

が、これは、まったくの捏造で、そんな記事をタイムズは出していないのである。

〈これはAI用語では「ハルシネーション（幻覚）」とか呼ばれる現象だが、われわれの普段使っている英語では、これを偽情報という〉

ChatGPTが自信をもってこうした捏造を事実として伝えてくるので、一般の利用者がハルシネーションが事実かどうかを見分けるのはきわめて難しい。

OpenAI社の生成AI「ChatGPT」は「大規模言語モデル」を採用したことで大きなブレークスルーを果たしたとされている。

この「大規模言語モデル」というのは、ざっくり言って、AIが大量の文献を読み込むことで、賢くなっていくというものだ。

ダボス会議で、OpenAI社のCEO、サム・アルトマンは、ニューヨーク・タイムズの訴訟にふれ「トレーニングとしてテキストを読ませるのと、表示は別に考える必要がある」と大規模言語モデルにテキストを読ませること自体に問題はない、としている。

ＯｐｅｎＡＩの反論にもあるように、ＡＩにテキストを読ませること自体は、米国でも日本でも現行の著作権法では著作権の侵害にはあたらないのだ。

ジャーナリズムの将来の興廃をわける問題

このニューヨーク・タイムズの訴状を読みながら思いだしていたのは、２００２年末に読売新聞社が、神戸の小さなスタートアップ「デジタルアライアンス社」に起こした「ライントピックス訴訟」と呼ばれる訴訟だった。

これは、ヤフーのニューストピックスにリンクをはって、見出しを手入力した「ライントピックス」というサービスを、読売新聞社が訴えたもので、現在、読売新聞グループ本社社長の山口寿一が、法務部長時代に指揮したものだ。

このとき、読売は見出しにも著作権があると争ったが、その訴状では、ニューヨーク・タイムズの今回の訴状と同様に、新聞記事のひとつひとつにいかに手間がかかっているかを強調し、ライントピックスはそれにただのりしているサービスなのだという論理を展開した。

結局訴訟は、見出しについては著作権は認められなかったが、競争上の不法行為を次のように認定した。

〈ニュース報道における情報は、控訴人ら報道機関による多大の労力、費用をかけた取材（略）などの一連の日々の活動があるからこそ、インターネット上の有用な情報となり得る〉

このデジタルアライアンス社は数人の小さな会社で、しかも読売新聞は事前交渉をせずにいきなり提訴した。その理由を山口に単行本の取材の時に聞いたが、「この手のただのりビジネス」は、個別に解決をはかっても意味はなく、「すみやかに司法判断を仰いで新しい法規範を明らかにする必要があると考えたから」と答えている。

ニューヨーク・タイムズが今回ＯｐｅｎＡＩ社との交渉を打ち切って提訴したのも同じ文脈だろう。ここでの判決がその後の規範となって、適用されていくことを、タイムズは期待している。

日本の状況はどうだろうか？

日本では今のところ読売新聞だけが生成ＡＩについてはきわめて鋭い問題意識でとりくんでいる。山口は、新春の業界紙のインタビューで、記者に取材活動でＡＩは使わせないとし、その理由をこう語っている。

〈生成ＡＩを安易に使うと直接取材、対面取材の力が十分につかない〉

読売新聞は、２月１日に読売新聞オンラインの会員利用規約を改定、新たに「（テキストを）生成ＡＩ等に学習させる行為を禁止」という条項を付け加えた。

日本経済新聞社長の長谷部剛は、山口と方向性は反対で「生成ＡＩの活用を積極的に進める」と昨年８月の経営説明会で語っている。

いずれにしても読売と日経という会社の性格が生成ＡＩの利用という点でもくっきりでているように思う。

そして他社はというと、積極的な発言はあまり聞かない。

この問題はジャーナリズムの今後を考える意味で、分け目となるイシューだ。自分たちの頭で考えて取り組むようにしなければ、プラットフォーマーに飲み込まれたように、生成ＡＩにも飲み込まれてしまう。

こうしたネットに関する議論では、「ＮＨＫ ＮＥＷＳ ＷＥＢ」問題（第１章−２）でもそうだったが、「利用者が便利ならばいいではないか」という意見が大勢を占めるようになる。

しかし、それに対する反論は、結局、私たちが損をすることになるということだ。

たとえば、くだんのニューヨーク・タイムズのピューリッツアー賞受賞記事は、ニューヨークのタクシー免許に関するものだったが、報道の結果、移民労働者への不当な収奪はやみ、法改正のきっかけとなったのだ。

そうした取材活動の基盤が崩れてしまう。

２０２４・３・４

インターネットという技術革新の波によるマグニチュードは、30年以上たってもメディア業界を揺らし続けている。その波による変化が進行中の段階で訪れたのが、生成ＡＩという技術革新だ。

２０２４年には、グーグルがこれまでの検索のトップにＡＩによる要約を載せるようになった。たとえば、「読売新聞はどんな新聞社か？」と検索窓にいれると、生成ＡＩによる要約として次のような答えが画面冒頭にでてくる。

〈読売新聞社は、１８７４年に東京で創刊された全国紙で、正確な報道と明快な主張を特徴とする新聞社です。

読売新聞社の主な特徴は次のとおりです。充実した報道と明快な主張、分野別に整理された紙面、暮らしに生かせる情報、デジタルを活用した速報〉

これらの出典として右側に、「読売新聞の会社案内」、「読売新聞オンライン」等のリンクが表示される。

この仕組みを業界では「強制スニペット」（スニペットは要約の意味）と呼んでいるが、新聞社にとっての問題点は、現在は試運転中の生成ＡＩによる要約の表示がひろがっていけば、人々は「大規模言語モデル」で生成ＡＩが読み込んだ数々の資料の一部を表示する「要約」で満足してしまう。そうすると、その下に表示されている検索結果自体をクリックしなくなる。ニュースサイトの流入のうち大きなものを占めるのが、検索からの流入だ。それが、生成ＡＩの要約によって、新聞社のサイトを訪れずに済むようになってしまう。

これはＰＶ単位で決まってくるニュースサイトの配信型広告料金に如実にはねかえってくる。

これが「ゼロクリック問題」と呼ばれるもので、日本でも、グーグルの検索結果の先頭に生成ＡＩによる要約が出るようになってから、ニュースサイトを訪れる人の数ががくっと減っている。

これが商売上の問題。

さらに著作権上の問題もある。

先のコラムでは、ニューヨーク・タイムズの記事がＯｐｅｎＡＩに読み込まれ、勝手にその中身が使われていることを書いたが、生成ＡＩの中には、日本の新聞社のニュースサイトの記事を無断無償で使用し、出典を示さずに表示するものもある。

米国の著作権法では、技術革新に必要であれば、著作物を無償無断で利用できるという「フェアユース」の考え方がもともとあり、ＯｐｅｎＡＩはそれを盾にとってニューヨーク・タイムズとの裁判にのぞむことになるだろう。日本でも、２０１８年に生成ＡＩの進展を予想する形で、著作権法に第30条の４が加わった。これは、「技術の開発又は実用化のための試験の用に供する場合」や「多数の著作物その他の大量の情報から、当該情報を構成する言語、音、影像その他の要素に係る情報を抽出し、比較、分類その他の解析を行う」場合において、著作物の利用が可能だとする条項だ。

つまり生成ＡＩの大規模言語モデルにもとづいて文書を読み込ませることまでは、著作権法に触れない、とした。では、出典を明示せずに利用することについてはどうか、ということについては、専門家の間でも意見が別れはっきりとしていない。

日本では、ＯｐｅｎＡＩは、すでに主要な新聞社に接触を始めている。新聞協会の開発委員会でもこの問題についての対策を検討し始めており、米国であったように、金銭的におりあうケースもでてくれば、読売新聞の山口寿一が２０００年代にとりくんだライン・トピックス訴訟の時のように、提訴にいたる社もでてくるかもしれない。

特に出典を明示せずに、大規模言語モデルに読み込まれた知識を吐き出すことが、日本の著作権法で違法となるのか否かは、裁判をやって判例となるケースがなければ確定しないのだ。

前者の「ゼロクリック問題」で、ＰＶ数が減少し広告料収入が減るということだけであれば、この本でこれまで述べてきたように、有料課金型の「そこでなければ読めないもの」に特化しているメディアはまだ生き残ることができるだろう。

しかし、後者の「大規模言語モデル」によって、読み込まれた知識を吐き出すということが広がっていけば、有料課金型モデルのメディアにとっても深刻な打撃になる。

だからこそニューヨーク・タイムズはＯｐｅｎＡＩを提訴したのだろうし、日本でもそうした社が出てきても不思議ではない。

ただし、ライントピックス訴訟と違うのは、こんどは提訴する相手がグローバルに展開するプラットフォーマーだということだ。

つまり国境を超えた裁判となる。

裁判はやってみなくてはわからない。

日本でも著作権法第30条の4ができたため、難しいという人もいる。

しかし、アメリカで２０２１年にバイデン政権が成立して以降、ＦＴＣ（連邦取引委員会）の委員長に、プラットフォーマーに対して独占禁止法の適用を強化していくべきだとするリナ・カーンが就任し、実際にグーグルやフェイスブック、アマゾンにいくつかの提訴がなされている。日本でもそうした反競争政策の世界的潮流をうけて、公正取引委員会が、ヤフーやグーグルに対して、ニュースサイトへの料金の支払いについて、調査をしたなどの動きもあった。

公正取引委員会はその調査報告書を２０２３年９月21日に公表しているがその際に、こんなコメントをわざわざしている。

〈生成ＡＩを始めとするＡＩの急速な普及に代表されるデジタル技術の進展により、ニュースプラットフォーム事業者及びニュースメディア事業者を取り巻く競争環境が更に変化していくことが見込まれるため、インターネットを介したニュースコンテンツの流通を含め、デジタル市場において、生成ＡＩ等が競争に与える影響について注視する〉（傍点筆者）

そうした世界的潮流がある以上、日本でも、判例をもとめて提訴する社もあるのではないかと私は考えていた。

が、２０２４年11月トランプの当選によって、その前提条件が大きく崩れようとしていることを書いたのが次のコラム。

4 生成AIとジャーナリズム、究極の利益相反

ニューヨーク・タイムズがOpenAI社を提訴したように、生成AIに自社の記事を剽窃されている日本の新聞社の中には、提訴をする社があるのではないか、と書いた。

一方で、2018年に日本でも、著作権法の第30条の4が新たにつけくわわり、米国から「フェアユース」の考え方が移植され、たとえ提訴したにしても、勝てるかどうかわからないという専門家の意見を紹介した。「フェアユース」は技術革新や社会課題の解決に役にたつのであれば、著作物を無断無償で利用できるという考えかただ。

それでも、提訴する社があるのではないか、と考えたのには理由がある。

近年プラットフォーマーを野放図に放置しておくのはやめようという全世界的な動きがあるからだ。

たとえば米国では、独占禁止法の運用を司るFTC（連邦取引委員会）がMetaとアマゾンを提訴、司法省もグーグルの検索事業と広告事業に対して独占禁止法に違反しているとして提訴をしている。グーグルについては、1910年代にスタンダード・オイルと

いう石油会社が34の新会社に分割されたように、分割も司法省は求めている。

そうした世界的潮流のなかで日本の公正取引委員会も、ニュースコンテンツに関するプラットフォーマーの扱いが公正かどうかの調査をし、様々な問題点を指摘したうえで「本報告書で指摘した行為を含め、ニュースプラットフォーム事業者に関する独占禁止法上問題となる具体的な案件に接した場合には、厳正・的確に対処する」（2023年9月21日）としていた。

こうしたプラットフォーマーに対する各国の厳しい対応があるので、訴訟は日本でもやる意味がある、そう思っていたのだ。

が、この前提条件がトランプの当選で崩れることになる。

バイデン政権下の反トラストの旗手

FTCでプラットフォーマーに対する訴訟を指揮するのは、バイデン政権下でFTCの委員長に32歳で抜擢されたリナ・カーンだ。リナ・カーンは、エール大学のロースクール時代の2017年に「アマゾンの反独占のパラドクス」という論文を書いて世に出た。

アマゾンでは、出品をしている各企業の商品を購入した消費者のデータは、各企業にいくのではなく、アマゾンにいく。そしてそれは出品をしている各企業には開示されない。本来各企業は自社製品のデータの集積を背景にして、アマゾンと正味の交渉ができるはずだが、それができない。そうした矛盾をついた論文で、カーンは、独占禁止法の父ルイス・ブランダイスにならって名付けられた「ネオブランダイス」学派の若き俊英だった。

カーンが、バイデン政権によってFTCの委員長に指名されると、アマゾンは、「カーンはアマゾンに対してバイアスがあるのでアマゾンの調査には関わってはならない」とする「忌避」の請願書をFTCに提出している。

プラットフォーム「X」を運営するイーロン・マスクは、トランプが当選すれば、カーンは「すぐに馘になるだろう」とXにポストしている。

カーンが再任されることはない、が、ワシントンの多くの見方だ。

第二期のトランプ政権で、プラットフォーマーに対する独占禁止法の運用は緩和されることは確実だ。

そうなると日本の公正取引委員会もどうなるかわからない。

地方紙と共同通信は生成AIとの協業を始めたが

その日本では、2024年11月になって自社の記事を生成ＡＩに読み込ませることを是とする社が出てきた。新潟日報と共同通信である。

新潟日報は、エクサウィザーズという生成ＡＩ関連企業との協業で、新潟日報生成ＡＩ研究所を11月1日に立ち上げた。

新潟日報の場合は、新潟日報の2010年1月以降の記事を読み込ませている。

エクサウィザーズ社は、ＯｐｅｎＡＩを始め複数のＡＩと契約をしており、それに自社のソフトを組み合わせて売るという形をとっている会社だ。新潟日報の生成ＡＩ研究所が提供するサービスもそうしたベーシックなソフトに加えて、新潟日報の記事を読み込ませた生成ＡＩを新潟の企業が使えるというたてつけだった。

当然のことながら、それで、新潟日報の記事の著作権は守れるのだろうかと思ったが、エクサウィザーズのチーフＡＩイノヴェーターで新潟日報生成ＡＩ研究所の取締役もかねる石山洸に聞くと「各生成ＡＩの会社にはオプトアウトという契約を結んでいるので、新潟日報生成ＡＩ研究所のサービスをとる顧客以外に、新潟日報の記事をつかった答えがでることはない」とのことだった。

共同通信は、共同通信の記事を有償で提供して、生成ＡＩを開発するソフトバンク子会社の大規模言語学習モデルに読み込ませ、日本語の生成ＡＩをつくろうという業務提携だ。

11月14日に発表となった。

そうなると、当然地方紙の分担金で運営される共同通信の記事が勝手に使われることはないのか、という疑問がわく。

それを、この案件を担当している常務理事の沢井俊光に聞くと、

「これはまだ研究の段階で、まずは共同の記事を大規模言語学習で読ませて、日本語の生成AIをつくってみようということなんです。どのような出力になるかどうか、そしてどう使えるかは、できてからの話です。サービスを公開するかどうかもまだわかりません」

地方紙や共同通信が、生成AIの会社と組んで自社の記事を読み込ませているという話を聞くと、どうしても、ヤフーの初期に、その意味を考えずどんどん記事を提供して、今のネットニュース市場のプラットフォーマー独占を招いた歴史を思いだしてしまう。

そんな不吉な予感の中、トランプの当選が決まったニューヨーク・タイムズとワシントン・ポストの電子版の両者のトップ画面を比較した。今更ながら、プラットフォーマーの一つであるアマゾンのジェフ・ベゾスが所有するポストの腰の引けぶりが目についた。

ニューヨーク・タイムズが、

「トランプの戦慄すべき復活

暗く傲慢な選挙キャンペーンの末、再び権力の座へ

ニューヨーク・タイムズとワシントン・ポスト、トランプ当確直後の電子版。

除け者だった犯罪者は、いかに再度の大統領の座をつかんだか」とはっきり反トランプの姿勢を打ち出しているのに対して、ポストは「トランプ大勝利（TRUMP TRIUMPHS）」とおべっか的な駄洒落の大見出し。

ポストは、長年大統領選の際にはその投票の直前に支持候補を紙面に出してきたが、今回はカマラ・ハリスを推薦しようとした編集局をジェフ・ベゾス自身が止め、推薦候補なしとした。

失望した読者は、ポストの購読をやめ、ポストは20万人もの電子有料会員を失った。

プラットフォーマーとジャーナリズムには利益相反がある。

生成ＡＩとジャーナリズムにも深刻な利益相反がある。

そこでしか読めないものがジャーナリズムの本質だ。それを守るのは著作権しかない。

しかし、生成ＡＩは著作物の利用は、社会的発展に寄与すれば自由だとする「フェアユース」の考え方にたっている。

この究極の矛盾はまだ解決されていない。

２０２４　11・25

実際にトランプは、２０２４年12月10日に、ＦＴＣの次の委員長としてアンドリュー・ファーガソンを指名し、トランプが大統領になるとともに、リナ・カーンは更迭された。ＦＴＣはメタやアマゾンとの裁判が２０２５年、２０２６年に予定されていたが、この行方もわからなくなった。

まとめ

「持続可能なメディア」の5条件

1 イノベーションのジレンマにとらわれていないか

週刊ダイヤモンドは2025年4月から書店売りをやめ、紙は定期購読のみとなる。書店売りはなくなる。

ダイヤモンド社常務取締役プラットフォーム開発室室長の麻生祐司や週刊ダイヤモンド事業室室長の山口圭介によれば、その理由は、「書店売りの特集とデジタルサブスクの特集の乖離」にあったという。

書店売りでは、軟派の企画、しかもシニア層向けの介護、相続、病気、といった企画がうける。しかし、デジタルサブスクでは、「セブンDX敗戦」(全15回)「自動車・サプライヤーSOS」(全16回)といった産業・企業を対象にした硬派の記事をたたみかけるように出して、有料購読者を獲得している。

週刊ダイヤモンドのデジタル有料版「ダイヤモンド・プレミアム」は、2019年6月にスタートしたが、デジタル有料購読を始める前のABC部数は2019年上半期で6万6424部まで落ち込んでいた。それが最新の2024年上半期では9万1782まで回復している。このうち有料デジタルの購読者数は4万3049。2023年夏のコラムで、私はこのデジタル有料版のことを紹介しているが（第2章の1）、このときのデジタル部数は2万9654だから、一年で1万3000上乗せしていることになる。さらに紙の定期購読の部数は3万1779部だから、足した7万4828部がサブスクの部数ということができる。

それに対して書店売りは1万6862部まで減っていた。

「編集部のリソースは限られています。その編集部からは、企業・産業の取材に特化していきたいという強い希望が前々からだされていたこともあり、書店売りをやめて、サブスクに特化するという決断をくだしたのです。紙の雑誌は2025年4月からは、デジタル・サブスクの産業・企業ものを中心としたものになります」（麻生）

しかし、そうは言っても、書店売りの年間の売上は、推定で7億6000万円強ある。これがゼロになる。

通常だと、ここで「8億の売上を捨てるのか」という反対意見が出て、やめるという判断がなかなかつかない。

私がかつて勤めていた会社でも、事業としてもう将来性はないのにもかかわらず、既存の売上がもったいないから、といって撤退しない例をいくつも見てきた。

どんな事業もかつては市場が潤《うるお》い、成功していたから部局としてなりたっているわけで、それを組織の都合でやめられないというのが「イノベーションのジレンマ」である。

ここで想起すべきは日本経済新聞が2010年3月に日経電子版を創刊したときの状況だ。

それまで日経は無料広告モデルである「NIKKEI NET」を運営して、そこで50億円の売上があった。日経は有料電子版を始めるにあたってこの「NIKKEI NET」をドメインごと閉じてしまうのである。2007年春に行われた臨時取締役会では、当然「50億円の売上を捨てるのか」という反対意見があった。

しかしこのとき社長の杉田亮毅《りょうき》は、

「無料でこのまま行くとしたら、ヤフーやグーグルなど報道機関でないところとの競争になる。そこに勝てるのか？　株の情報を流すのもいいだろう。あるいはサイトで株の売買ができるようにするのもいいだろう。そこに日経のニュースを流して、ヤフーやグーグルとどっちが多いんだ、という話になる。そういうことをうちの社員にやらせるべきなのか？」

そう言って、まだ日本では始められていなかった有料電子版というゼロの市場に、日経電子版で出て行くことを決断するのである。

そのことが、有料電子版が紙の部数減を相殺して、日経が持続可能になった大きな理由だ。

つまり日経は「イノベーションのジレンマ」を破ったのである。

ダイヤモンド社の週刊ダイヤモンドの書店売り廃止という決断も、2011年の日経の決断と相似形と見るのが正しい。

週刊ダイヤモンドの書店売りを管轄していたのは社内では営業局で、別の取締役が担務していたが、麻生らの話を聞き、GOサインを出したのだという。

紙の新聞の部数が喰われるからと、せっかくデジタル有料版を始めても、県内では、紙と一緒でないと購読できないといった制限を地方紙がかしてしまうのは、「イノベーションのジレンマ」にとらわれている、ということになる。

2 技術革新を適切にうけいれているか

実は日本の新聞社や通信社が、インターネットの波に対応したのは早かった。90年代半ばには、各社、ウエブ版を始めている。が、ここで、紙面に出すものの3割しか出さないという内規をさだめたのは日経だけで、あとの新聞は、無料で紙の記事がウエブで読めてしまったのである。このあたりは、『2050年のメディア』（文春文庫）に詳しく書いたが、2000年代ヤフーがプラットフォームとして伸張していく大きな原動力になったのは、日経を除く新聞各社が、安価で記事をヤフーに出してしまったことだった。

これは、人々に新聞の記事はただでよめるものという意識を植えつけるのに充分な役割を果たしたし、各社のブランドがはてしなく希薄化することになった。

ニューヨーク・タイムズや英エコノミストそしてフィナンシャル・タイムズや日本経済新聞などデジタル有料版の売上で持続可能になっているメディアは、最初からウエブでも有料にしていた。また、無料で読めるプラットフォームには記事を提供していない。

現在の生成AIのブームについても同じことが言える。

本文で書いたように、生成AIは、ジャーナリズムと深刻な利益相反がある。そのことを充分理解したうえで、どう活用できるかを考える必要がある。

3　そこでしか読めないもの、見ることができないものを提供しているか

人々はプラットフォームでコンテンツを読むようになり、メディアそれ自体から摂取しなくなっている。

プラットフォーム上のニュースは、紙の新聞社や放送局でかつて重宝がられた発生、発表ものニュースとこたつ記事と呼ばれるテレビ、ラジオ、ユーチューブ上の有名人の発言をひろっただけのものが主ということになる。

そしてこれは、プラットフォーム側には利益をもたらすが、メディアの側には微々たるお金しか入ってこない。

持続可能になっているメディアは、プラットフォームでコンテンツを野放図に提供はしていない。そこでしか見られないもの、読めない価値をデジタル上で有料提供している。

エコノミスト誌は記者、編集者をあわせても、120人しかいない。これは日本で言えば30万部の地方紙の編集局ぐらいの人数だ。しかし、エコノミスト誌の編集者や記者は、記者クラブに所属して官僚や警察官から情報をもらいうける「前うち」報道をする必要はない。ヤフーニュースに出てくるような発生もの、発表もののニュースはやらない。そうではなく、日々流れていくニュースの意味がわかるような、大きな絵を描こうとしている。そしてそれは英エコノミストでしか読めない。

中海テレビ放送の報道部も記者クラブには常駐していない。フローのニュースは、地元紙やＮＨＫが追いかけているからべたばりする必要はないからだ。報道部は全部で15名。記者クラブに常駐するような「前うち」の取材体制はとっていないため、記者の月平均残業時間は、わずか21・3時間（２０２２年2月までの実績）。

それに対して読売新聞や朝日新聞は記者職だけで約２０００人がいる。各省庁や各都道府県の県庁、警察、検察に記者をはりつけるとなると、どうしてもそれだけの人数がいる。

しかし、多くの記事が、同じソースから出るので、どうしてもにかよってくる。いやそれぞれ違うと、新聞社の人は言うだろう。しかし、プラットフォーム上でニュースを読む人にとっては、その違いはほとんどわからない。

コラムで北國新聞をとりあげたとき、「なんであんな権力ベッタリの新聞社を評価するのか」と、面とむかって苦言を呈された。そうした人たちが言うのは、「部数が落ちてないのは、記者にも部数拡張のノルマがあるからだ」「自社のイベントを一面でとりあげる田舎新聞」というものだったが、しかし、そうした人たちに確認すると、北國新聞の紙面自体を読んではいないのだった。北國新聞がそれなりに健闘しているのも、共同通信を一面には使わず、茶道や歴史等他の新聞が一面にもってこないような地ネタを独自の切り口で掲載し続けているからだ。社員のノルマだけで、あの部数は維持できない。

4 買収が可能で、横の流動性があるか？

この本の中でとりあげた『ハルメク』のターンアラウンドストーリーは、新聞や通信社の記事で何度もとりあげられている。私も読んだが、なぜ、部数がV字回復したかは、さっぱりわからなかった。

この『ハルメク』の再生劇は、この会社が倒産寸前までおいつめられ、エクイティファンドに買われたということから始まっている。それによってプロ経営者が送り込まれ業績が回復し、ファンドがイグジットした（会社を売却して利益を確定させた）あと、マネージングバイアウトをこのプロ経営者と『ハルメク』の編集長がしたという道筋からでないとわからない。

このことに新聞社や通信社の記者が気づかなかったのは、新聞社が日刊新聞法によって、株の売買を制限でき、同じ種類の人たちが、ずっと会社を経営していた、その中で育ってきたからだと思っている。

日本の新聞社でも、他の業界の会社のように買収が自由にできるようにならなければ、大きな変化は生まれないだろう。

日本のテレビ局も同じだ。女子アナを元ジャニーズ事務所の有力タレントに社員が斡旋して「上納」していたと、週刊文春他に報道されたフジテレビも、買収ができない中、電波という有限の資源を免許でわりあてられ独占的利益をむさぼっていた組織が腐敗したと考えるとわかりやすい。

ライブドア事件の翌々年（2008年4月）に、放送法が変えられて、持株会社をつくって総務大臣から認定されれば、何人たりとも議決権の3分の1以上がもてなくなってしまった。もともと、外国人が放送局の株を20パーセント以上持ったときには、放送免許取り消しの規制があったが、これは国内の他の事業体や個人が買収することを阻止するものだった。フジは、在京キー局の中でまっさきにフジ・メディア・ホールディングスを作り（2008年10月）この認定をうけている。

こうして放送局の買収を不可能にしたことが経営陣のみならず、組織全体に甘えの構造を生んだと私は考えている。

５　孤立を恐れず

新聞協会や新聞労連、民放連など、記者クラブから始まって新聞社やテレビ局に入ったひとたちは、一生をその業界の群れのなかで過ごすようにできている。

そうするとそもそも変化に気がつかないし、気がついても変化を「悪いもの」だと考えるか、過剰に反応する。

が、本当に優れた報道や、とびぬけた経営は「孤立を恐れず」という姿勢の中から生まれる。

たった15名の報道部で課題解決型の報道で地元の信頼を勝ち得た中海テレビ放送も、トランプ再選にも怯まないニューヨーク・タイムズも、台湾有事のシミュレーションをする英エコノミストも、みな「孤立を恐れず」独自の道をいっている。

だからこそ「持続可能」になっている。

あとがき

かつて私が、ニューヨークのコロンビア大のジャーナリズム・スクールにいた昔、昔のことです。

ロングアイランドの地方紙『ニューズデイ』の調査報道部長のボブ・グリーンが、こんなことを私に言いました。

「ジャーナリストというのは不思議な商売で、違う街に旅をしても、やっぱりその街のジャーナリストと酒場で飲んでジャーナリズムのことを話している」

この本の取材の中で、ジャーナリストのみならず、メディアに関わる様々な人に様々な地で会ってその話に耳を傾けることができました。貴重な時間をさいて、自らのことを語ってくれたこれらの方々にまず、お礼をもうしあげたいと思います。

私の最初の本は32歳の時に出した『アメリカ・ジャーナリズム』ですが、技術革新によるメディアの変化は、この最初の本以来、私の永遠のテーマです。

この本は、サンデー毎日、週刊朝日、ＡＥＲＡに連載してきた2ページのコラムからよりぬいて、技術革新の中での「メディアの持続可能性」という観点から再構成したものです。

サンデー毎日時代には、連載を決めてくれた隈元浩彦さんと向井徹さん、担当をしてくれた坂巻士朗さん、城倉由光さんに。

週刊朝日時代には、渡部薫さんと小泉耕平さんに。

そして現在連載中のＡＥＲＡでは、歴代担当の佐藤秀男さんと井上和男さんにお世話になりました。

ＡＥＲＡ編集長の木村恵子さんと藤井達哉さんには、今も連載中のコラムについて、様々な相談にのってもらっています。

この新書の出版を決めてくれたのは、朝日新聞出版の常務だった尾木和晴さん（現関西外語大学広報部長）でした。

「朝日新書」編集長の松尾信吾さん、担当の吉崎洋夫さんが実際の編集作業で汗をかいてくれました。

メディアについては引き続きテーマとして追い続けます。

初出一覧

サンデー毎日……第1章—1、5、第3章—2、3、第4章—1、3、第5章—1、4、5
週刊朝日……第1章—6、7、第3章—1、4、5、6、7、第4章—2、4、第5章—2、第6章—1
AERA……第1章—2、3、4、第2章—1、2、3、4、第3章—8、第5章—3、6、第6章—2、3、4
その他は書きおろし。

や

ゆ

よ

ら

れ

ろ

わ

ち

て

と

お

か

き

く

け

こ

索引

下山　進　しもやま・すすむ
ノンフィクション作家。経済メディアによるグローバル資本主義成立史の『勝負の分かれ目』(角川文庫2002年)、読売・日経・ヤフーの四半世紀の興亡を描く『2050年のメディア』(文春文庫2023年)、この両著は、技術革新とメディアの関係を描く名著として名高い。本書では、メディアの持続可能性が失われている現在、なお持続可能であり続ける国内外のメディアを取材した。元慶應義塾大学特別招聘教授。現在も聖心女子大学や立教大学でメディアについての教鞭をとる。他の著作に『アルツハイマー征服』(角川文庫2023年)、『がん征服』(新潮社2024年)など。

朝日新書
993
持《じ》続《ぞく》可《か》能《のう》なメディア

2025年3月30日第1刷発行

著　者　下山　進

発行者　宇都宮健太朗
カバーデザイン　アンスガー・フォルマー　田嶋佳子
印刷所　TOPPANクロレ株式会社
発行所　朝日新聞出版
〒104-8011　東京都中央区築地5-3-2
電話　03-5541-8832（編集）
03-5540-7793（販売）

Published in Japan by Asahi Shimbun Publications Inc.
ISBN 978-4-02-295306-3
定価はカバーに表示してあります。

落丁・乱丁の場合は弊社業務部(電話03-5540-7800)へご連絡ください。
送料弊社負担にてお取り替えいたします。

朝日新書

死の瞬間
人はなぜ好奇心を抱くのか

春日武彦

人はなぜ最大の禁忌〝死〟に魅了されるのか？その鍵は「グロテスク」「呪詛」「根源的な不快感」にある。精神科医である著者が、崇高でありつつも卑俗な魅力を放つ〝死〟にひかれてしまう複雑な心理を、小説や映画の読解を交えて分析。

限界の国立大学
法人化20年、何が最高学府を劣化させるのか？

朝日新聞「国立大の悲鳴」取材班

国立大学が法人化されて20年。この転換とその後の政策は大学にどんな影響を及ぼしたのか。朝日新聞が実施した学長と教職員へのアンケートに寄せられたのは悲鳴に近い声だった。東大の学費値上げの背景など国立大学で起きている真相に迫る。

遺伝子はなぜ不公平なのか？

稲垣栄洋

なんの結果も出せないとき、自分の努力不足や能力のなさを呪ってはいけない。それは全部遺伝子のせいだ。あなたの存在は、進化の過程で生き残ってきた優秀な遺伝子にほかならない。懸命に生きるあなたへ贈る、植物学者からの渾身の努力論。

朝日新書

底が抜けた国
自浄能力を失った日本は再生できるのか？

山崎雅弘

専守防衛を放棄して戦争を引き寄せる政府、悪人が処罰されない社会、「番人」の仕事をやめたメディア、不条理に従い続ける国民。自浄能力が働いていない「底が抜けた」現代日本社会の病理を、各種の事実やデータを駆使して徹底的に検証！

蔦屋重三郎と吉原
蔦重と不屈の男たち、そして吉原遊廓の真実

河合　敦

蔦重は吉原を基点に、黄表紙や人情本、浮世絵など次々と大ヒットを生み出した。いっぽう幕府による弾圧にもめげず、歌麿や写楽に大首絵を描かせたり、政治風刺の黄表紙を出版するなど、反骨精神あふれる蔦重の生涯を天才絵師・戯作者たちと共に描く。

脳を活かす英会話
スタンフォード博士が教える超速英語学習法

星　友啓

世界の英語の99・9％はナマッている。だからこそ脳の欲求の赴くままに自分なりの英語で世界と遊べ！　脳科学や心理学、AI時代のアイテムを駆使して、コスパ良く楽しくネイティブと話せる術をスタンフォード・オンラインハイスクール校長が伝授。

子どもをうまく愛せない親たち
発達障害のある親の子育て支援の現場から

橋本和明

「子どもには愛情を」。児童相談所の一言が、なぜ虐待を加速させたのか？　発達障害のある親は育児で大変な苦労をすることがある。虐待やネグレクトが起きてしまう実態と対策を、豊富な実例とともに紹介。子育ては愛情ではなく技術である。

ほったらかし快老術
90歳現役医師が実践する

折茂　肇

元東大教授の90歳現役医師が自身の経験を交えながら、快い老い方を紹介する一冊。たいていのことはほったらかしでよく、大切なのは生きがいと骨。落ち目同士で群れない、手抜きしないでオシャレをする…など10の健康の秘訣を掲載。

ルポ 大阪・関西万博の深層
迷走する維新政治

朝日新聞取材班

2025年4月、大阪・関西万博が始まるが、その実態は会場建設費が2度も上ぶれし、パビリオンの建設が遅れるなど、問題が噴出し続けた。なぜ大阪維新の会は開催にこだわるのか。朝日新聞の取材班が万博の深層に迫る。

祖父母の品格
孫を持つすべての人へ

坂東眞理子

令和の孫育てに、昭和の常識は通用しない。良識ある祖父母として、孫や嫁夫婦とどう向き合ったらいいのか？　ベストセラー『女性の品格』『親の品格』著者が満を持して執筆した、祖父母が知っておくべき30の心得。

逆説の古典
着想を転換する思想哲学50選

大澤真幸

自明で当たり前に見えるものは錯覚である。事物の本質を古典は与えてくれる。『資本論』『意識と本質』『贈与論』『アメリカのデモクラシー』『存在と時間』『善の研究』『不完全性定理』『君主論』『野生の思考』など人文社会系の中で最も重要な50冊をレビュー。

世界を変えたスパイたち
ソ連崩壊とプーチン報復の真相

春名幹男

東西冷戦の終結からウクライナ侵攻までの30年余、歴史を揺るがす事件の舞台裏には常に、世界各地に網を張るスパイたちの存在があった——。彼らは、どのような戦略に基づいて数々の工作を仕掛けたのか。機密文書や証言から、その隠された真相に迫る。